Historia de Corea después de 1945

Corea, el país dividido después de la Segunda Guerra Mundial

Antonia Carderas

Índice

I. La situación después de la Segunda Guerra Mundial.

Al finalizar la Segunda Guerra Mundial en 1945, Japón se rindió incondicionalmente. Esto tuvo un gran impacto en Corea, porque esta nación peninsular había sido una **colonia japonesa desde 1910.** La pregunt que surgía en ese momento era cómo las potencias victoriosas, los EE. UU. y Rusia, lidiarían con Corea. Tomando en cuenta que el final de la guerra era previsible, las dos grandes potencias ya habían tomado una decisión. **Dividieron a Corea en dos, una al Norte y la otra al Sur**, bajo el entendido de que esta división debía ser temporal**. Trazaron la línea divisoria a lo largo del paralelo 38**. Sin embargo, la Historia se encargaría de demostrar que este límite se iba a solidificar.

En 1948, se estableció un sistema de gobierno en el Norte, constituido y controlado por la Unión Soviética, mientras que los Estados Unidos ayudaron a establecer un gobierno militar en el Sur. **Los soviéticos ayudaron a Kim Il-Sung (1912-1994)** a ejercer el poder gubernamental,

y los estadounidenses dieron un apoyo considerable a Rhee Syng-Man (1875-1965).

(Nota: En Corea, el nombre es precedido por el apellido. Así que, Kim y Rhee son los apellidos, mientras que Il-Sung y Syng-Man son los nombres).

Pero las dos partes coreanas que eran gobernadas por éstos, no eran independientes ni soberanas, sino que, de hecho, tenían que ser vistas como títeres de la Unión Soviética o de los Estados Unidos. La **Guerra Fría** determinó el ambiente político, y las dos grandes potencias vieron con arrogancia el hecho de que sus contrapartes no podían beneficiarse de ninguna ventaja. Durante este tiempo, **Harry Truman**, miembro del Partido Demócrata era el Presidente de los Estados Unidos, y **Joseph Stalin** era el Secretario General del Comité Central del Partido Comunista de la Unión Soviética y Presidente del Consejo de Comisarios del Pueblo, y desde 1946 Presidente del Consejo de Ministros de la URSS. De hecho, él era un dictador.

Toda Corea seguía sufriendo las consecuencias de la Segunda Guerra Mundial, pero especialmente durante las décadas de supremacía de los japoneses, que habían explotado económicamente a la que era su colonia. En el Norte, se llevaron a cabo **reformas agrarias en las que la propiedad privada** se transfirió al control estatal. Estos fueron eventos que la Unión Soviética ya había experimentado. El **sufragio femenino** se introdujo en 1946.

En el Sur, el llamado a la reforma agraria se hizo cada vez más fuerte. Los estadounidenses tenían poco conocimiento de la situación coreana. En particular, fue difícil para ellos manejar adecuadamente el país sin conocimiento de la cultura y el idioma. Pero iniciaron reformas fundamentales que se llevaron a cabo hasta 1950, cuando la **propiedad privada se mantuvo como un principio fundamental**. Junto con Rhee, mantuvieron como principio el evitar la propagación del comunismo en el Norte. Confiscaron la tierra que había pertenecido a los gobernantes coloniales japoneses y la distribuyeron. Así desaparecieron los grandes terratenientes y sus dueños, y surgieron muchas propiedades más pequeñas, estableciéndose como granjas familiares. En 1949, el gobierno estableció por primera vez una ley que intervino seriamente con la situación educativa e introdujo la **educación obligatoria**.

La división de Corea fue una novedad en la historia del país. El objetivo de encontrar un terreno intermedio común para lograr la unificación seguía sin alcanzarse. La razón principal de esto radicaba principalmente en el hecho de que ni los Estados Unidos ni la Unión Soviética estaban dispuestos a hacer concesiones. Ninguno de los dos dejó a la sección coreana que apoyaron; por el contrario, se aseguraron de que sus candidatos mantuvieran el poder. El Norte siguió expandiéndose hacia el Sur, y el Sur se expandió hacia el Norte.

II. Los fundamentos del Estado.

Finalmente, en 1947 y 1948, las Naciones Unidas y los Estados Unidos pidieron que se celebrasen elecciones en toda Corea. Pero los soviéticos rechazaron esta propuesta, y las elecciones se llevaron a cabo sólo en Corea del Sur.

Fue la primera vez en la historia de cuatro milenios del país que se permitió a los coreanos determinar un gobierno. Hasta entonces, habían sido gobernados por los emperadores de China, las familias principescas coreanas y los japoneses. Pero no iba a ser fácil. Antes de las elecciones, los rusos amenazaron con retirar la electricidad que se suministraba del Norte hacia el Sur. Los estadounidenses reaccionaron con enojo, afirmando que los rusos, tal como lo hacían en Alemania, buscarían mantener un gobierno títere para posteriormente controlar completamente el poder.

Los surcoreanos no eligieron a los comunistas, sino a los partidos democráticos. Las fuerzas armadas estadounidenses, fuertemente armadas, acompañaron a los votantes debido a los ataques comunistas contra el electorado en Corea del Sur. El General Hodge elogió a sus soldados como los parteros de una nueva nación. Aquellos que no podían escribir (que no eran pocos) expresaron su voluntad con una huella digital mojada en tinta.

Se fundó una **Asamblea Nacional** y se aprobó una **Constitución**. Ahora había una representación parlamentaria del pueblo. Esto condujo a la **fundación de la República de Corea en Seúl en agosto de 1948**. Fue el nacimiento de la 1ª República de Corea.

En septiembre de 1948, el norte se trasladó y **estableció la República Popular Democrática de Corea, con sede del gobierno en Pyongyang**. Ambos estados afirmaron ser la única Corea legal y no reconocieron a la otra como legítima. Ninguna de las dos partes debía ser considerada como un estado estable. El Norte y el Sur subrayaron que querían integrar a la otra parte, pero en su propia mitad de Corea, por lo cual no fue posible evitar las hostilidades. De hecho, ha habido reiteradas disputas fronterizas con ataques violentos.

Como era de esperarse, **Kim Il-Sung** se convirtió en Presidente y Dictador de Corea del Norte fuera, quien representaba al comunismo estalinista, y permaneció en el poder hasta su muerte. Fue el abuelo de Kim Jong-Un, quien fue instalado como "Líder Supremo" de la República Popular Democrática de Corea en diciembre de 2011. Kim Il-Sung estuvo políticamente involucrado con el marxismo durante su adolescencia, y por lo tanto, entró en conflicto con la ley. A pesar de haber sido arrestado a una edad temprana, más tarde luchó contra los japoneses en un grupo partidista.

En el sur, **Rhee Syng-Man** se convirtió en Presidente, y permaneció hasta su renuncia en 1960. Provenía de una familia de la nobleza, sin embargo, no tenía grandes posesiones. Siendo estudiante, también tuvo conflictos con la ley, ya que participó en movimientos de protesta antimonárquicos. Estuvo encarcelado durante seis años por ese motivo. Durante este tiempo, se unió a la Iglesia Metodista Cristiana. Luego pasó un tiempo en los Estados Unidos, donde obtuvo su doctorado. De vuelta en Corea, luchó contra los japoneses, por lo que tuvo que abandonar el país temporalmente. **Con la misma intensidad con**

que Kim Il-Sung representó al estalinismo como la expresión más violenta del comunismo, Rhee Syng-man fue un vehemente anti-comunista.

Ambos estadistas ahora tenían responsabilidad gubernamental. Las dos grandes potencias se retiraron en gran medida de los procesos de toma de decisiones de los gobiernos o de la influencia sobre ellos.

III. La guerra de Corea (1950 - 1953)

1. Invasión

Después de repetidos enfrentamientos en la frontera, el ejército de Corea del Norte invadió Corea del Sur el **25 de junio de 1950**, cruzando la frontera de manera clara y deliberada. El ataque fue bien planificado. Corea del Norte tenía un ejército operativo y poderoso de más de 130,000 soldados con artillería, gracias a la ayuda proporcionada por la Unión Soviética para construir el aparato estatal, mientras que el ejército de Corea del Sur tenía solo unos 100,000 efectivos. Los Estados Unidos no habían puesto interés en equiparlo equitativamente con medios militares, porque querían evitar una invasión al Norte. Pero ahora, los EE.UU. se estaban preparando militarmente para una guerra contra las tropas comunistas.

2. Primera Fase

La primera etapa consistió en expulsar a los comunistas de Corea del Sur. Pero los soldados estadounidenses no estuvieron a la altura de las condiciones climáticas. En el verano extremadamente caluroso, bebieron agua de los arrozales y como resultado contrajeron enfermedades graves. Incluso el ejército coreano no pudo resistir a un oponente bien entrenado. Así que la retirada se hizo necesaria.

Fue entonces cuando EE.UU. se volvió hacia el **Consejo de Seguridad de las Naciones Unidas**. El resultado fue que varias naciones occidentales declararon su solidaridad con Corea del Sur. En primer lugar, Reino Unido, Canadá y Australia enviaron tropas auxiliares. Pero antes de que llegaran, era necesario resistir a los norcoreanos en su propio territorio. El **General al mando, Walton Walker,** pronuncia un famoso discurso a los soldados estadounidenses, del cual las palabras "**Stand or die**" ("resistan o mueran") pasan a la historia. Deja claro que no debe haber otra retirada. De hecho, las tropas, aunque débiles, contienen a los oponentes durante semanas, pero con pérdidas inmensas.

3. Segunda Fase

En la segunda etapa, el **General Douglas Mac Arthur** le dio la vuelta a la mesa con la ayuda de las Fuerzas Armadas, que ahora era un ejército de las Naciones Unidas. Fue el sucesor de Walker, que había muerto en un accidente automovilístico. MacArthur incurrió en un arriesgado ataque en la ciudad portuaria de Incheon, en el noroeste del país, la cual representaba un punto de importancia económica y estratégica, y estaba ocupada por los norcoreanos. Logró recuperarla, y parado detrás de las líneas enemigas, bloqueó los suministros y las comunicaciones del ejército norcoreano. Un ataque simultáneo contra las fuerzas enemigas en Seúl provocó el pánico en los norcoreanos, y la capital fue retomada. Esta era la situación en septiembre de 1950. Pero en ese momento, los chinos entraron en juego.

4. Tercera Fase

En la tercera etapa de la guerra, China envió tropas para apoyar a Corea del Norte. El vasto imperio estaba interesado en preservar a **Corea del Norte como un estado amortiguador**. El Presidente estadounidense Truman originalmente tenía el objetivo de llevar a Corea a una reunificación y permitirles gobernar al estilo de Occidente. Por lo tanto, MacArthur y sus tropas cruzaron la frontera de la latitud 38. Incluso penetró hasta el Yalu, el río fronterizo entre Corea del Norte y China. Pero allí los chinos lo atacaron con unos 180.000 hombres. MacArthur tiene que emprender la retirada.

El Presidente Truman vio un conflicto con los chinos como un gran peligro, especialmente porque el líder comunista chino, Mao Tse-Tung, estaba claramente amenazando con una guerra seria si los estadounidenses no se alejaban de la frontera del Yalu.

Por lo tanto, Truman estuvo dispuesto a hacer un alto al fuego en la Guerra de Corea. MacArthur, sin embargo, hizo todo lo que pudo para provocar a China porque quería la guerra con los comunistas y una victoria final sobre ellos. Fue dado de baja del servicio militar en abril de 1951 por Truman, al rechazar la orden contraria. En julio del mismo año se llevaron a cabo conversaciones de paz.

5. Cuarta Fase

En la cuarta etapa, las negociaciones de paz se prolongaron hasta mediados de 1953. Era imposible ponerse de acuerdo sobre dónde debía ir la frontera y dónde debían permanecer los prisioneros de guerra. En este tiempo hubo varios combates en el paralelo 38, ya que no estaban prohibidos en las negociaciones.

6. La tregua

Entonces ocurre un evento históricamente significativo. Concluye el gobierno del Presidente Truman. Su sucesor, **el republicano David Eisenhower**, asume el 20 de enero de 1953. Un segundo evento no menos importante ocurre el 5 de marzo del mismo año. Muere Stalin y **Nikita**

Khrushchev se convierte en su sucesor. Comienza así la desestalinización de la Unión Soviética. Esto también genera nuevas condiciones para la Guerra de Corea.

Eisenhower ahora está presionando para poner fin a las negociaciones de paz. Amenaza a los opositores comunistas con el uso de armas nucleares, y se espera que Corea del Sur comience a ceder en algunas demandas.

Como resultado, el 27 de julio de 1953, las Naciones Unidas y Corea del Norte negociaron un **alto al fuego**. La frontera se define cerca del paralelo 38 (el estado actual de las tropas se considera decisivo, y Corea del Sur gana alrededor de 1500 kilómetros cuadrados). A lo largo de la frontera se crea **la Zona Desmilitarizada o DMZ.** Los representantes de los países neutrales deciden el destino de los prisioneros de guerra. Se decide que cada prisionero determinaría por sí mismo si quedarse donde está, o si regresar a su país de origen.

Estas reglas debían aplicarse hasta que se encontrara una "solución pacífica final". Pero el Tratado de Paz no se materializó.

7. Resumen

En la guerra de Corea murieron unos 5 millones de personas. Los civiles que perecieron representaron alrededor del 10% de los muertos en la guerra. En última instancia, fue **una guerra contra Occidente, el mundo libre contra el comunismo**. Los estadounidenses salieron de ella con gran frustración, porque era bastante nuevo para ellos no ser capaces de forzar la rendición. Muchos ciudadanos estadounidenses, como el general MacArthur, no pudieron entender por qué Estados Unidos no había librado una guerra contra China. Pero gracias a la prudencia del gobierno, ese no fue el caso. Una tercera guerra mundial podría fácilmente haber surgido de ella.

IV. El desarrollo ulterior de la 1ª República de Corea del Sur.

El sur de la península permaneció bajo la influencia de los Estados Unidos después de la Guerra de Corea. Al presidente Rhee le hubiera gustado seguir procurando una invasión de Corea del Norte para lograr una reunificación de Corea bajo un liderazgo orientado al Occidente. Pero no encontró aprobación en Eisenhower. Sin embargo, Estados Unidos apoyó al país surcoreano económica y políticamente en su desarrollo y también ayudó en la reconstrucción del Ejército. Sin embargo, hubo **mala gestión y corrupción**. En la segunda mitad de la década, estallaron disturbios que culminaron en una **protesta estudiantil masiva en 1960** después de las elecciones de marzo.

El Partido Liberal de Rhee gana con casi el 90%. La razón es el **fraude electoral**. El día antes de la elección, los partidarios del Partido Demócrata se manifestaron y recibieron disparos de la Policía, con unsaldo de ocho personas muertas, incluidos estudiantes. El 18 de abril, los estudiantes de la Universidad de Seúl llaman a nuevas elecciones. Las organizaciones juveniles de derecha respaldadas por el gobierno atacan a los estudiantes durante las protestas, lo que provocó que otras universidades y estudiantes unieran sus fuerzas. **El 19 de abril, aproximadamente 30,000 estudiantes se reúnen para una manifestación en Seúl**. Llaman a "¡nuevas elecciones!" y "¡Democracia!" Y exigen la renuncia del gobierno de Rhee. A pesar de los bombardeos con gas lacrimógeno, se dirigen a la Casa Azul, la residencia del Presidente. Al final de este día, hay 130 muertos y más de 1,000 heridos. Rhee declara la **ley marcial** e impone un **toque de queda**.

Unos días después, el Presidente hace concesiones en las que acepta la oferta de cancelar todos los vínculos con el Partido Liberal. Pero las protestas todavía se siguen expandiendo y ahora los profesores se unen a ellas, exigiendo también la **renuncia de Rhees**. En otros mítines hay muertos nuevamente. Finalmente, un General se niega a disparar contra los manifestantes y también se opone al gobierno de Rhee.

En ese momento intervienen los norteamerica-nos. Exigen la **"ejecución de reelecciones y la garantía de libertad de expresión y reunión".** Ante la insistencia de los EE. UU., Rhee dimite en abril y es trasladado a Hawai por la CIA. Hay nuevas elecciones.

V. La 2ª República de Corea del Sur (1960-1961)

En las nuevas elecciones de julio de 1960, ganó el Partido Demócrata. **Yun Bo-Seon** se convierte en Presidente. Sin embargo, la segunda República duró sólo 8 meses. Durante este tiempo hubo alrededor de 2000 manifestaciones. Se derogaron las fuertes regulaciones de la era Rhee y se permitieron las libertades individuales. Ahora se le permitió a los individuos unirse para formar organizaciones. Como resultado, se fundaron sindicatos, por ejemplo, de Periodistas y Profesores. Muchos grupos de estudiantes se mantuvieron activos y lograron eliminar las fuerzas antidemocráticas de los aparatos militares y policiales. La Presidencia prácticamente sólo tuvo un significado representativo. La Asamblea Nacional fue la que determinó la actividad política.

Pero la República seguía siendo económicamente inestable. La moneda (de 1953 a 1962, el Hwan y luego el Won) perdió de 1960 a 1961 el cincuenta por ciento de su valor (en relación con el dólar). Los precios subieron al mismo tiempo, y el desempleo también aumentó. El gobierno no pudo entregar los avances positivos prometidos, especialmente en el abastecimiento económico de la población.

En esta situación, **Park Chung-Hee (1917-1979)**, apoyado por personas de ideas afines en un grupo pequeño, pero bien organizado, se aventuró a dar un **golpe militar el 16 de mayo de 1961**. Provenía de un trasfondo campesino. Hasta el final de la Segunda Guerra Mundial, fue miembro del Ejército del Imperio. Luego estuvo en la Policía en Corea del Sur. Debido a que participó en un levantamiento de la Policía, dirigido contra el sistema Rhee, fue arrestado y condenado a muerte. Escapó de la ejecución porque delató a otros participantes que eran considerados afines al Comunismo. Estos no escaparon a la pena de muerte. El propio Rhee se quedó con la Policía, de la cual reclutó más tarde algunos miembros para ser parte del Ejército.

En el momento del golpe, era un General. Bajo su gobierno, hay un período de transición de dos años, en el que los militares tienen una fuerte influencia en la política de Corea del Sur. En la práctica, es un **gobierno militar**. En este tiempo, Park asegura su futuro político eliminando a sus oponentes. Varios miles de políticos pierden sus puestos.

VI. La 3ª República de Corea del Sur (1961 - 1971)

Park lidera la República durante dos años con la ayuda de los militares. En 1963, proclamó la Tercera República y celebra elecciones presidenciales, las cuales son esencialmente correctas. Park gana con el 46% de los votos. Incluso, en 1967 es reelegido con el 52%. El gobierno militar es reemplazado, nuevamente hay una Asamblea Nacional y libertades políticas.

Sin embargo, Park pone el anticomunismo tan fuertemente en primer plano, que los políticos de oposición se convierten en muy probables sospechosos de ser pro-comunistas, y, por lo tanto, simpatizantes de Corea del Norte. Crea un **Departamento para la Promoción Económica**, así como el **Servicio Secreto Coreano (KCIA)**. Ambos lo apoyan en sus planes, pero al mismo tiempo restringen efectivamente los derechos democráticos de la Asamblea Nacional, porque ahora centralizan los procesos cruciales. Park coloca en la Oficina Económica a científicos de alto nivel, y es dirigida por el Viceprimer Ministro.

Por un lado, Park quiere fomentar un fuerte desarrollo económico del país, por lo que también lanza un plan de cinco años desde el comienzo de la Tercera República. Pero, por otro lado, no inserta sus medidas dentro de los procesos democráticos. Para él, el progreso económico está por encima de todo. En este sentido, sus medidas a menudo se conocen como una "**dictadura del desarrollo**". Además, la reunificación con Corea del Norte no es uno de sus objetivos prioritarios. Más bien, su lema es: primero el desarrollo de Corea del Sur, y luego la reunificación. Sus objetivos son, tal cómo lo manifiesta en un programa:

- Fortalecer el nacionalismo
- Luchar contra el comunismo
- Hacer que la gente sea responsable
- Representar a la República de Corea en el escenario mundial como un país con cohesión interna.

Promueve la educación, porque quiere transmitir el contenido de sus conceptos a los jóvenes, y facilita el acceso a la escolarización a las clases más bajas. En las universidades, fortalece el pensamiento competitivo, también con el fin de contrarrestar las actividades políticas de los futuros académicos y no permitir que surjan disturbios políticos internos. Porque las primeras críticas fuertes al régimen siempre provenían de los círculos intelectuales.

En la década de 1960, Park logra hacer una contribución decisiva al **desarrollo económico**, con el resultado de que Corea del Sur **superó al Norte** al final de la década. Promueve la industrialización incluyendo la industria química. Tanto la población trabajadora como la campesina pagan el inmenso crecimiento económico, en parte con salarios bajos, aunque la prosperidad promedio aumenta. Es por eso que Park lanzó en 1971 **una iniciativa para disminuir la brecha de los ingresos**. Esto demuestró ser exitoso en los años siguientes.

El capital necesario procedía del extranjero. El Presidente acordó condiciones favorables con compañías japonesas y estadounidenses para promover el proceso de producción y el comercio exterior. Por ejemplo, las empresas que exportaban mucho recibieron préstamos muy baratos. Entre otras cosas, Park sentó las bases de la fábrica de acero POSCO, que hoy se encuentra entre las 5 principales siderúrgicas.

Park logró normalizar la relación con Japón y, en 1965, la adopción del **Tratado Corea-Japón** (denominado "Tratado Fundamental"), que estableció altos pagos de reparaciones por el período comprendido entre 1910 y 1945. La población, sin embargo, no recibió una disculpa oficial por parte de Japón por el sufrimiento causado en esa época. El hecho de que Japón "solo" ofreciera una compensación financiera no le sentó bien a la población.

Durante su gobierno, Park logra que Corea del Sur, como suele llamarse a la República de Corea, sea más respetada en el escenario internacional, especialmente a través de sus estrechos vínculos con los Estados Unidos. Apoya a los Estados Unidos en la guerra de Vietnam con unos 300,000 soldados.

VII. La 4ª República de Corea del Sur (1972 - 1979)

En 1971 se reanudaron las elecciones, ya que constitucionalmente el mandato de la Presidencia debía durar ocho años. Park tenía la mayoría en la Asamblea Nacional con su recién formado Partido Republicano Demócrata. Pero por muy poco ganó las elecciones. Su oponente **Kim Dae-Jung** obtuvo el 45% de los votos.

Kim Dae-Jung ahora era considerado un disidente y se exilió en Japón, donde trabajó en un movimiento político en contra de Park. El KCIA de Corea del Sur lo secuestró, pero la CIA estadounidense lo rescató, probablemente, del asesinato de la policía secreta de su país de origen. Park hizo que lo trajeran a Corea del Sur, lo detuvieron y luego lo pusieron bajo arresto domiciliario.

Park creó una nueva Constitución. Un poco más tarde se reveló que ésta fue rechazada por más del 90% de la población. Inicialmente, Park declaró la **emergencia nacional**. El trasfondo de esto era que temía una resistencia política masiva debido a su estrecha victoria electoral. Luego diseñó la "**Constitución de Yusin**", que significa renovación, rejuvenecimiento, modernización y restauración. Fue aprobada en octubre de 1972 por la Asamblea Nacional, que lanzó la 4ta. República. Trajo **recortes decisivos al ordenamiento jurídico.**

Bajo las nuevas leyes, el Presidente ahora será reelegido por seis años, con períodos electorales sin límite. Esto le permite a Park un tercer período de gobierno. Ahora se le permite al Presidente instalar directamente al 33% de los miembros de la Asamblea Nacional, lo que le permite básicamente asegurar la mayoría. La gente vota sólo de manera indirecta, y los miembros leales de la nueva "Conferencia Nacional sobre la Reunificación", que eligen directamente al Presidente, pueden votar. Además, Park puede emitir decretos de manera unilateral. Además, puede controlar tanto la Legislatura como el Poder Judicial. El funcionamiento de los Sindicatos está severamente restringido. En términos de política educativa, tiene una gran influencia en el contenido de los libros de texto. **De hecho, se convierte en un Dictador.** Su elección en 1972 y su reelección en 1978 se convirtieron en una mera formalidad.

En 1979 hay manifestaciones masivas contra el gobierno. El **General Kim Jae-Kyu** se encuentra con Park para cenar. Durante la reunión, le dispara. Justificó el acto con su profunda convicción de que a su país sólo se le daría la oportunidad de regresar al desarrollo democrático sin Park. Kim Jae-Kyu era el Jefe del Servicio Secreto fundado por el mismo Park.

Park siguió su línea de desarrollo económico de manera consistente durante su gobierno, con la cual tuvo éxito. Los planes quinquenales se pusieron en marcha, se estableció el enfoque en la expansión de la industria pesada, la cual continúa desarrollándose. Aunque muchos préstamos en el extranjero tuvieron que ser reembolsados, hubo una significativa recuperación económica.

En política exterior, Park inició conversaciones con Corea del Norte e incluso previó la reunificación. Inició varias relaciones diplomáticas con países occidentales, incluido Canadá. El trasfondo de esto fue, en gran parte, debido a un acercamiento entre Estados Unidos y China. Corea del Sur ya no podía confiar en el apoyo incondicional de Estados Unidos contra el mundo comunista y quería contrarrestar el aislamiento.

A nivel nacional, Park enfrentó la oposición a sus políticas antidemocráticas y centralistas. A mediados de la década de 1970, emitió decretos de emergencia que permitían el arresto de opositores al régimen, y se opuso ferozmente a la oposición política. Sin embargo, las reacciones rebeldes que vinieron no solo de intelectuales, sino también de opositores políticos, así como de trabajadores y campesinos persistieron, pero fueron suprimidas radicalmente por Park.

VIII. Los Jaebols

Park había logrado ayudar a Corea del Sur a alcanzar un enorme crecimiento económico en un período de tiempo relativamente corto, que pronto ensombreció las condiciones económicas en el norte. Lo logró a través de una intensa **cooperación con las empresas occidentales**. Sin embargo, los acuerdos pertinentes se hicieron en **estrecha cooperación con el gobierno**. Por un lado, surgió la interdependencia de los propietarios de las empresas y los miembros de la Asamblea Nacional y, por otro lado, surgieron las empresas familiares de alto capital. Se llegó a los llamados Jaebols (también llamados Chaebol).

Un Jaebol es una gran empresa dirigida por un solo propietario o establecida como una empresa familiar. Puede tener varias subsidiarias, pero están controladas centralmente por el propietario. Estas bien pueden ocuparse de diferentes sectores. En realidad, un Jaebol es un conglomerado, pero despliega el poder de una sola compañía, porque se crea y se mantiene a través de la conexión familiar. La gestión de la empresa está, por lo tanto, centralizada y no controlada jerárquicamente. Tanto las interdependencias como las participaciones de capital permanecen dentro de la estructura familiar y, por lo tanto, proporcionan una cohesión ideal y económica. La presencia en el mercado de valores difícilmente se busca.

Como un Jaebol no está sujeto a un cuerpo legislativo integral dentro de la compañía, puede actuar mucho más rápido y adaptarse mejor a la evolución del mercado que los sistemas corporativos típicos. Los vínculos tradicionales con la política proporcionan beneficios adicionales. Esta constelación corporativa específica de Corea del Sur se originó después de que el país se liberó del dominio colonial japonés y fue fuertemente promovida por Park.

Los Jaebols de Corea del Sur se convirtieron en el factor decisivo que convirtió al país en un socio comercial internacional. A la vuelta del milenio, Corea del Sur se esforzó para que su economía fuera más independiente de las estructuras familiares. Pero se conservó su gran importancia. Entre los poderosos Jaebols se incluye, por ejemplo, a Hyundai Motor Group y Samsung.

IX. La situación desde 1979 hasta 1981.

Después del asesinato de Park, el Primer Ministro **Choi Kyu-Hah** se hizo cargo del gobierno y fue Presidente por un corto tiempo. Pero el **General Chun Doo-Hwan** se arriesgó a dar un golpe de Estado y lo obligó a salir del despacho presidencial con la ayuda de los militares. Asumió la **presidencia** después de este golpe en diciembre de 1979. Entonces, se intensificaron las rebeliones y las manifestaciones contra el gobierno. Chun, al igual que su predecesor, aplicó la ley marcial contra estos disturbios sociales, que en gran parte fueron apoyados por los estudiantes. Incluso endureció las medidas. De hecho, llegó a convertirse en un **gobierno militar**.

El 17 de mayo de 1980, la situación política se agravó. Chun cerró universidades enteras sobre la base de la expansión de la ley marcial y redujo la libertad de expresión. Arrestó a los líderes de un movimiento contrario a su régimen, incluidos los que posteriormente fueron presidentes, **Kim Dae-Jung y Kim Young-Sam**. Un día después, envió fuerzas a la ciudad de **Gwangju**, donde hubo importantes protestas estudiantiles. Chun derribó el levantamiento mediante el uso de la fuerza militar.

Esta medida condujo a una rebelión intensificada del cuerpo estudiantil, a la que también se unieron numerosas personas de la población, especialmente personas trabajadoras. La ciudad se encontraba en un estado de revuelta contra el régimen, que luchaba con las tropas surcoreanas y estadounidenses contra los rebeldes. Los insurgentes los defendieron contra las fuerzas armadas durante nueve días. Las demandas fueron sobre todo la **liberación de Kim Dae-Jung**, el exoponente de Park, de la detención (Kim Young-Sam no fue encarcelado, sino que fue puesto bajo arresto domiciliario) y el **retiro de la ley marcial.**

La supresión de la revuelta pasó a la historia como la **"masacre de Gwangju".** Testigos presenciales informaron que el ejército fue extremadamente brutal e indiscriminadamente usó palos y bayonetas contra todas las personas que se reunieron, incluyendo a mujeres, niños y ancianos. Algunos estudiantes fueron obligados a desnudarse y luego fueron golpeados públicamente.

Hubo muchos muertos y heridos. Las estimaciones oscilan entre 500 y 2000.

Para el 27 de mayo, los militares habían establecido la calma. Después de eso, se llevaron a cabo numerosas represalias contra los críticos del régimen, así como varias condenas. Kim Dae-Jung recibió la sentencia de pena de muerte por prepararse para un derrocamiento, lo que provocó protestas masivas en todo el mundo. Luego fue indultado a cambio de una larga sentencia de prisión. Dos años más tarde, se le permitió salir a los Estados Unidos.

Este 18 de mayo de 1980 será recordado siempre en Corea del Sur. En retrospectiva, se considera un hito en el camino hacia la democracia. Al mismo tiempo, resultó ser problemático que las tropas del ejército estadounidense estuvieran involucradas en la caída de la revuelta. Este hecho inicialmente fomentó un sentimiento antiamericano y también tuvo un impacto en la cuestión de cómo reunirse con Corea del Norte, ya que creó campos opuestos.

X. La 5ª República de Corea del Sur (1981 - 1988)

Bajo Chun Doo-Hwan, comienza a establecerse la quinta república de Corea del Sur. Fue elegido **Presidente** en febrero de 1981, al igual que Park, a través de elecciones indirectas. Además, se elige la Asamblea Nacional, en la que intervienen ocho partidos. Chun es responsable de una enmienda constitucional que permite que un Presidente sea elegido por siete años, pero sólo por un período. También levanta la ley marcial. Promete una nueva era en la que construirá una "**Gran Corea**" con crecimiento económico y principios democráticos. El poder judicial es reinstalado de manera autónoma y como un organismo independiente del gobierno. También se permite a los partidos políticos volver a ser activos. Sin embargo, como las elecciones presidenciales indirectas continúan en la nueva Constitución, muchos miembros militares de alto rango reciben cargos influyentes. Además, se mantuvieron leyes que permitieron la persecución de los opositores al régimen. En este sentido, la quinta república también se encontraba bajo un estilo **autocrático de gobierno**.

La población no confiaba en el gobierno ni sus promesas de democracia. La elección de la Asamblea Nacional se reanudó en 1985, y el partido gobernante recibió menos votos que la oposición, lo que indicaba un claro deseo de otro estilo de gobierno. Las protestas estudiantiles se encendieron una y otra vez, y cada vez más miembros de la población no académica se unía a los estudiantes. El gobierno recibía fuertes críticas. A principios de 1987, un estudiante fue arrestado y murió durante el interrogatorio policial. Como resultado, el **sentimiento antigubernamental** se intensificó, hasta que, en junio del mismo año, más de 1 millón de personas participaron en un movimiento de protesta que abogaba por un orden social democrático, y en particular, la elección directa del Presidente.

Chun Doo-Hwan propuso al ex **General Roh Tae-Woo**, favorable al gobierno, como su sucesor (ya que él mismo no tenía permitido ser reelegido). Había reconocido las señales de los tiempos y Chun, como último acto oficial en el cargo, preparó un programa en el que se promovieron **reformas constitucionales**. Incluían la elección directa del Presidente y una reducción de su mandato a cinco años. De hecho, Roh fue elegido por un estrecho margen en febrero de 1988. Esto fue sorprendente, ya que los críticos del régimen Kim Young-Sam y Kim Dae-Jung también participaron en la contienda. Con esta toma pacífica del poder, la quinta república llegó a su fin.

Durante su mandato, Chun Doo-Hwan siguió el curso para promover el desarrollo económico de su país. Lo logró con la ayuda de medidas de precios estables y bajas tasas de interés. Corea del Sur intensificó sus esfuerzos para atraer inversiones del exterior, lo que impulsó las exportaciones. Las industrias de alta tecnología e informática se desarrollaron enormemente. Sin embargo, el rápido e intenso crecimiento económico amplió la brecha entre los ricos y las clases más bajas. Esto también puede explicar la disposición de la población a unirse a las protestas estudiantiles.

En asuntos exteriores, Chun mejoró las relaciones con Japón, la Unión Soviética y China, y también buscó a Corea del Norte. En 1985, incluso se permitieron visitas mutuas a familias cuyos miembros vivían en el sur y en el norte, porque habían sido afectados por los acontecimientos políticos.

Sin embargo, la relación con el Norte se vio fundamentalmente empañada, ya que varios funcionarios del gobierno fueron asesinados durante una visita a Birmania (ahora Myanmar) en 1983 en un ataque con bomba atribuido a Corea del Norte (lo cual es muy probable que sea cierto, pero no fue comprobado). El propio Chun no resultó herido en el ataque. Desde 1980, **Ronald Reagan**, un anti-comunista de línea dura, estaba en el gobierno de los Estados Unidos. Una consolidación de la relación estadounidense con Corea del Sur significó al mismo tiempo un mayor distanciamiento con el norte comunista.

Chun logró llevar los **Juegos Olímpicos de Verano de 1988** a la capital, Seúl, en la que Corea del Norte contó con la participación de varios atletas. También hizo avanzar la cultura, contruyendo, por ejemplo, el Museo Nacional de Corea.

XI. La 6ª República de Corea del Sur

1. Roh Tae-Woo (1932), Presidente de 1988 a 1993

Roh Tae-Woo (nacido en 1932) fue un ex General. Logró ganar la Presidencia, en buena medida porque los dos políticos opositores Kim Young-Sam y Kim Dae-Jung no pudieron ponerse de acuerdo sobre una candidatura y, por lo tanto, al competir ambos, se restaron los votos mutuamente. En el primer año de su presidencia, tuvieron lugar los Juegos Olímpicos de Verano, para lo cual su predecesor había sentado las bases, y se desarrollaron con éxito durante su mandato. Con sus políticas, buscó:

- El crecimiento económico combinado con la justicia.
- La democratización de la sociedad.
- El acercamiento de Corea del Norte a la reunificación.

Inicialmente, las universidades recuperaron su autonomía y se permitió nuevamente la libertad de prensa.

La situación económica en la que se encontraba Corea del Sur se deterioró en sus auspicios. Los sindicatos más fuertes lucharon por salarios más elevados. Esto, junto con el cambio en el valor del won frente al dólar, llevó a una disminución de las exportaciones. La competitividad del país a nivel internacional se vio afectada, especialmente cuando aumentaron los precios de los productos básicos.

Roh era muy activo en la política exterior. Inició relaciones diplomáticas con Hungría, Polonia, la antigua Yugoslavia, Mongolia, Bulgaria y Rumania. Las relaciones con China y la Unión Soviética mejoraron, incluso a nivel comercial. Seúl y Moscú establecieron sus respectivos Consulados Generales. En una visita a Washington, Roh se reunió con el Presidente estadounidense George Bush y el líder soviético Mikhail Gorbachev.

En 1991, Corea del Sur y Corea del Norte pasaron a formar parte de las Naciones Unidas.

En 1992, Roh sella una entrada al Monte Halla, la cual conduce a los restos de las víctimas de la **Rebelión de Jeju en 1948**. Durante ese proceso, los activistas de izquierda de la isla de Jeju se rebelaron contra el gobierno regional de derecha. El levantamiento fue aplastado, y grandes sectores de la población fueron asesinados en verdaderas masacres. (Posteriormente, un memorial fue construido en este lugar.)

2. Kim Young-Sam (1927 - 2015), Presidente de 1993 a 1998

En 1990, Roh-Tae-Woo hace una alianza política con Kim Young-Sam, uniendo a sus dos partidos en un partido conservador. Esto le permite a Kim Young-Sam ganar las elecciones presidenciales contra Kim Dae-Jung.

Kim Young-Sam buscó reformar el país. Con el fin de ser económicamente exitoso y moralmente honesto, inmediatamente lanzó una **campaña contra la corrupción**. Además, quiso trazar una clara línea divisoria entre la política y el ejército, lo cual no tuvo éxito, ya que muchos políticos provenían del sector militar. Los funcionarios del gobierno y los militares superiores ahora tenían que revelar sus fuentes de ingresos y riqueza. Una consecuencia inmediata fue la renuncia de muchas personas de sus respectivas oficinas y posiciones. Kim también hace muchos esfuerzos para hacer retroceder la concentración de poder de los Jaebols a través de reformas legislativas. Por ejemplo, garantiza que las cuentas bancarias anónimas sean prohibidas.

La campaña anticorrupción condujo a la **acusación de sus antecesores, Chun Doo-Hwan y Roh Tae-Woo en 1996**, primero por soborno y luego por alta traición por su papel en el golpe de 1979 y la masacre de Gwanju. Roh admitió haber recibido malversaciones de varios millones de dólares, y fue sentenciado a 17 años de prisión. Chun fue condenado a muerte, pero poco tiempo después se mitigó su pena a cadena perpetua. Kim Young-Sam los perdonó a ambos un año después de las condenas, como uno de sus últimos actos oficiales.

Pero la reputación de Kim Young-Sam también sufrió significativamente, debido al llamado **escándalo Hanbo**. Los miembros del gobierno de

Kim habían presionado y sobornado a los bancos para proporcionar préstamos baratos al gran grupo siderúrgico Hanbo. Las pérdidas para Corea del Sur se estimaron en unos 6 mil millones de dólares. Además de políticos de alto rango, los hijos de Kim Young-Sam estuvieron involucrados en los incidentes y tuvieron que ir a la cárcel. Esa fue una gran humillación para él. Se disculpó con el pueblo coreano y dijo que estaba muy avergonzado porque obviamente no se preocupaba lo suficiente por sus hijos y se sentía responsable. Habría sobrevivido a muchas situaciones difíciles, pero nunca había tenido un desastre como este.

Durante el período de Kim Young-Sam ocurren eventos devastadores. El año 1993 comenzó con un **choque de trenes** y un **naufragio**. En 1994, parte del **Puente de Seongsu** se rompe repentinamente, matando a 32 personas. En 1997, 228 personas murieron en el **aterrizaje accidentado de un Boeing** en la isla de Guam. Luego vino lo peor: la **"crisis asiática" de 1997 y 1998.** Además de Tailandia e Indonesia, esta crisis afectó principalmente a Corea del Sur. Fue una crisis económica con un impacto significativo en el mercado financiero y la estabilidad de la moneda. El Grupo Jaebol KIA se encuentra entre las compañías que ahora están colapsando (KIA más tarde se convertirá en parte del Grupo Hyundai KIA). El Presidente tuvo que poner en acción el **rescate del billón de euros del Fondo Monetario Internacional.**

3. Kim Dae-Jung (1925-2009), Presidente de 1998 a 2003

Corea del Sur sigue los principios democráticos de la Constitución, que ha limitado el mandato del Presidente a cinco años desde Roh Tae-Woo y permite que el Presidente sea elegido directamente. Kim Young-Sam ya no tiene oportunidad debido al asunto de la corrupción. El elegido es **Kim Dae-Jung**, quien se vio obligado a exiliarse bajo la dictadura de Park y escapó del control del Servicio Secreto por un pelo.

Kim Dae-Jung se ve en la situación de tener que hacer frente a las consecuencias de la crisis económica. Corea del Sur está endeudada. Se las arregla para encontrar inversionistas extranjeros y para volver a encarrilar a la industria nacional.

A principios de 1998 comienza el creativo y exitoso programa **"recolectando oro".** Samsung, Daewoo y Hyundai lideran con el ejemplo y donan gran parte del metal precioso a favor del Estado. Al mismo tiempo, sin embargo, también recolectan oro de las filas de la población. Se pone en marcha un movimiento de solidaridad increíble. Los atletas exitosos donan sus trofeos, las parejas casadas donan sus anillos. En menos de tres días el gobierno reportó **20 toneladas de oro por un valor de alrededor de $ 100 millones.** Los números crecientes se mantuvieron públicos para no influir en el precio del oro. El valor total de la acción se estima en hasta 200 millones de dólares estadounidenses. Para toda Corea del Sur, esta acción tuvo un enorme efecto simbólico. Todos estaban convencidos de que la crisis se superaría incluso antes del milenio, y que todos habían contribuido con la Historia. Corea del Sur ganó en cohesión interna.

De hecho, las cosas iban cuesta arriba. El gobierno apoyó el **desarrollo económico de la industria de TI**. Introdujo un sistema de pensiones confiable, expandió las oportunidades de educación para todos y también fue culturalmente activo. En 1996, Kim logra la **admisión**

de Corea del Sur a la Organización para la Cooperación y el Desarrollo Económicos (OCDE). Su país fue galardonado con el contrato de la **FIFA 2002** junto con Japón. Corea del Norte se negó a participar, pero transmitió muchos juegos, incluyendo las victorias de Corea del Sur contra Italia y España (antes de perder contra Alemania).

Kim Dae-Jung, como su antecesor, se esfuerza en mejorar las relaciones con el Norte. En junio del año 2000, tuvo lugar la **primera Cumbre Intercoreana** en Pyongyang entre él y el Jefe de Estado Kim Jong-Il. Se acuerdan diversas iniciativas económicas y la fusión de familias. En el mismo año, docenas de norcoreanos pueden reunirse con sus parientes en el Sur. Kim Dae-Jung recibe el **Premio Nobel de la Paz** por su compromiso político.

En 2001, se inauguró el gran e importante Aeropuerto de **Incheon**, que aumentó en gran medida el tráfico aéreo internacional en Corea del Sur.

El 29 de junio de 2002, hay un **incidente en el Mar Amarillo**. Una y otra vez, los barcos norcoreanos cruzaron la frontera, que actúa como una zona de amortiguación entre los dos países divididos, pero nunca ha sido reconocida como una frontera por el Norte. También hubo incidentes aislados en los años 90 en esta zona marítima. Por ejemplo, los norcoreanos habían intentado infiltrarse en un mini-submarino en las aguas de Corea del Sur.

En esta oportunidad, un barco patrullero de Corea del Norte abiertamente cruza la frontera. Los surcoreanos exigen que el barco se devuelva, pero son bombardeados. Hay un tiroteo en el que mueren cuatro surcoreanos y 19 resultan heridos. Se estima que el Norte sufrió pérdidas de 30 soldados muertos o heridos. El evento coincidió con la época de la Copa Mundial de Fútbol.

Mientras que la relación entre los gobiernos se enfrió nuevamente, y Kim Dae-Jung pronunció fuertes palabras de advertencia, miles de surcoreanos demostraron su cohesión reuniéndose en masa, vestidos con camisas rojas y siguiendo al partido contra Turquía por el tercer lugar (en el que Corea del Sur perdió). El gobierno de Corea del Norte nunca publicó el número de sus víctimas en la batalla naval.

4. Roh Moo-Hyun (1946 - 2009), Presidente desde 2003 a 2007

Roh Moo-Hyun se convierte en Presidente en diciembre de 2002 mediante elecciones constitucionales directas, formando un gobierno de centro-izquierda. Su lema es crear un **"gobierno de participación"** que es exigido sobre todo por los grupos electorales de jóvenes y de orientación burguesa. Su objetivo es fortalecer la sociedad civil y las regiones menos desarrolladas. La implementación también requiere **reformas en las actividades administrativas**, lo cual hace que los procesos se vuelvan muy lentos. Esto no cae bien en la población. En la lucha por la igualdad política y económica, Roh encuentra resistencia en la oposición. Sin embargo, el Tribunal Constitucional detiene un procedimiento de juicio político que había sidio iniciado contra él.

Roh refuerza las **reformas** que se basan en la economía de mercado, incluidos los cambios en el sistema tributario. Sigue luchando contra la corrupción. Esto debilita los Jaebols centralizados, de gestión familiar. Varios de sus altos directivos ahora tienen que lidiar con asuntos de fraudes. Las grandes corporaciones deben revelar sus acciones financieras y permitir que se examinen sus registros, incluidos Samsung y partes de Hyundai.

Esto genera un estado de ánimo en contra de Roh. Hay algunas dudas sobre si estas medidas provocarán una recesión económica. Los críticos de las grandes corporaciones, por otro lado, sostienen que sería imposible utilizar cualquier cosa, desde un sistema de aire acondicionado hasta un tren de pasajeros sin la participación de los Jaebols, que en conjunto representan sólo el 4% de los empleos y el 12% del crecimiento económico. También critican la forma en que las familias fundadoras compiten entre sí por los mayores activos en lugar de convertir sus negocios en ganancias. El jefe de **Daewoo** es encarcelado por su papel en el colapso de su negocio y la apropiación ilegal de miles de millones de dólares, y también el jefe de **Hyundai** por malversación de fondos. A pesar de los muchos éxitos, la tasa de desempleo sigue siendo alta, especialmente entre los jóvenes, y siempre hay malestar en las empresas.

En 2005, Corea del Sur es devastada por el hecho de que su reconocido investigador de **células madre Hwang Woo-Suk**, quien había anunciado, entre otras cosas, la clonación de un león siberiano extinto, es expuesto como un falsificador; pero en 2006, hay una gran alegría al ser nombrado el **Ministro de Relaciones Exteriores Ban Ki-moon como Secretario General de las Naciones Unidas.**

Roh persigue la política de una mayor independencia de los Estados Unidos y un mayor entendimiento con Corea del Norte. En 2003, varios cientos de surcoreanos viajaron a Pyongyang para la apertura de un pabellón deportivo cuya construcción fue patrocinada por Hyundai. El cruce masivo de la zona desmilitarizada es un acontecimiento histórico.

En 2007 se celebra la **segunda cumbre intercoreana**, entre Roh y Kim Jong-Il. Hablan de negociaciones de paz, pero se mantiene el status quo de la tregua oficial. Firman acuerdos de cooperación.

En ese mismo año ocurre un acontecimiento de importancia histórica. Roh otorga a Corea del Norte $ 80 millones en ayuda económica. Debido a la cooperación económica entre los dos estados coreanos, muchos norcoreanos ahora están trabajando en el **Complejo Industrial Kaesong**, una zona económica especial en Corea del Sur. Existen condiciones particularmente favorables para los fundadores de empresas, y los empleos se comparten entre Corea del Norte y Corea del Sur.

Ahora, dos trenes cruzan la frontera, uno de norte a sur con destino Kaesong, y otro en la dirección opuesta. Ha pasado más de medio siglo desde que un encuentro de este tipo en tren era posible desde las dos partes de la península. Cada tren tiene 150 pasajeros, incluidos los políticos. En Corea del Sur ondean "banderas de reunificación" y hacen volar globos. En los compartimientos del tren norcoreano hay mujeres conductoras con uniforme militar, y en el exterior hay un mensaje que dice "En este tren ya ha viajado el gran Presidente Kim Il-Sung".

Este encuentro fue esencialmente de carácter simbólico y no se repitió, especialmente porque

Corea del Norte había aceptado hacer un solo viaje. Pero Roh continuó con su política de acercamiento. Por ejemplo, eliminó las minas terrestres de la franja fronteriza. Al mismo tiempo, inicia conversaciones con Estados Unidos sobre un acuerdo de libre comercio, al cual están siendo atraídos.

Durante el mandato de Roh hay un **conflicto con Japón**. Corea del Sur se queja de la presencia de Japón en 2005 en las **Rocas de Liancourt**. Este es el nombre neutral utilizado internacionalmente del archipiélago que es llamado por Corea del Sur Dokdo, y por Japón, Tadeshima. La zona de los tesoros terrestres de peces está en disputa entre los dos países, y su definición sigue sin estar clara. Desde 1945, Corea del Sur ha gestionado esta región. Este evento nubla las relaciones con Japón, que habían mejorado incluso en términos económicos. Los periódicos surcoreanos informan que los ciudadanos están enojados contra Japón y que, incluso, un ciudadano desesperado salta de un puente. Algunos manifestantes afirman que la amenaza de Japón es mayor que la de Corea del Norte. Los recuerdos de los viejos tiempos coloniales despiertan de nuevo.

Pero el comportamiento de Roh hacia Corea del Norte es, además de la insatisfacción con la falta de crecimiento económico, lo que molesta a muchos surcoreanos. "Tú decides si eliges a Roh para el 2007".

Entonces Roh cae bajo una **sospecha de corrupción.** En 2009, admite que su esposa y otros miembros de la familia recibieron alrededor de $ 6 millones de un empresario durante su mandato. Sin embargo, afirma que no estaba enterado de esto y que lo que su esposa había pedido era un préstamo para pagar unas deudas. Sin embargo, se disculpa ante la prensa por decepcionarlos. En mayo, se **suicida** saltando hacia un acantilado rocoso. En su carta de despedida a su familia, escribe: "No estén tristes, la vida y la muerte son parte de la naturaleza. No me arrepiento. Nadie tiene la culpa, es el destino".

5. La Política del Sol de Corea del Sur.

El término "Política del Sol" se deriva de una fábula de Esopo. El sol y el viento discuten acerca de su fuerza. El vencedor deberá conseguir a algún caminante a quien despojar primero de su abrigo. Cuanto más fuerte sopla el viento, más se aferra la persona seleccionada a su abrigo, pero los amigables rayos del sol hacen que se lo quite. La moraleja es que la acción suave es más fuerte que la violencia.

La política que Park Chung-Hee ya había comenzado hacia Corea del Norte y fue perseguida sistemáticamente por Kim Dae-Jung y Roh Moo-Hyun, se llamó la **Política del Sol** porque se basa en una actitud básicamente pacífica, de cercanía y cooperación hacia el Norte. Definitivamente, no querían iniciar el combate sin abandonar la defensa. Incluía tres **principios sólidos**:

1. No se tolerará una provocación armada por parte de Corea del Norte.

2. Corea del Sur no busca integrar a Corea del Norte en el Sur de ninguna manera.

3. Corea del Sur busca activamente la cooperación.

En particular, Kim Young-Sam creía que un cambio rápido en la postura generalmente hostil de Pyongyang era poco probable, y estableció una estrategia a largo plazo. El hecho de que se le diera ayuda financiera a Corea del Norte para sus planes fue interpretado como corrupción y traición al final de su mandato.

Corea del Sur apoyó el **desarrollo de infraestructura en Corea del Norte**, como la construcción y reparación de carreteras. Las granjas en el Sur eran subsidiadas si trabajaban con el Norte. Hubo unas pocas docenas de contratos que hicieron que las compañías operaran en o para Corea del Norte, desde la minería hasta la industria del turismo, hasta compañías manufactureras, como por ejemplo, en la industria automotriz. Un brillante ejemplo fue la cooperación de los dos estados en la **instalación industrial Kaesong**, en cuyo apogeo aproximadamente 50,000 norcoreanos trabajaron para compañías surcoreanas.

El objetivo de la Política del Sol era **elevar el nivel de vida en el Norte** (en el Sur ya era mucho más alto), lo que por supuesto alentó la tendencia del Norte a confiar cada vez más en su contraparte del Sur. También había empresas surcoreanas que tenían un **componente social**, como asegurarse de que cada niño norcoreano pudiera tomar una porción de leche en una comida diaria.

Se demostró una y otra vez, sin embargo, que había mucha desconfianza entre los empresarios de Corea del Sur y Corea del Norte. Todos tendrían mucha más confianza de operar en negocios con un socio de un tercer país en lugar de la "otra" Corea. Esto retrasó el desarrollo del comercio. Los surcoreanos estaban constantemente preocupados de que los engañaran y de que no obtuvieran buena mercancía, mientras que los norcoreanos creían que el Sur todavía tendría una estrategia oculta detrás de todos estos tratados para incorporar insidiosamente al Norte en un solo día.

Durante la política de Sol, hubo numerosos **contactos entre el sur y el norte de Corea**. La zona desmilitarizada, que por razones de seguridad incluye 2 km de ancho de tierra de nadie en cada lado, experimentó un intenso tráfico fronterizo. Por encima de todo, las familias separadas ahora pueden reunirse. Pero también muchas

ONG (organizaciones no gubernamentales) finalmente están poniendo su mirada en Corea del Norte, y los turistas admiran la belleza natural de Kumgang, una región montañosa extraordinariamente hermosa. Los norcoreanos se dieron cuenta de la buena condición física y la ropa de alta calidad que lucían los surcoreanos, lo que mostraba claramente su prosperidad, en comparación con las condiciones mucho más pobres del norte.

Cientos de miles de soldados están estacionados en la zona desmilitarizada de 240 kilómetros de largo. El centro de monitoreo y la zona de seguridad común para ambos lados se encuentra en el **centro de la tregua de Panmunjeom.** Desde el final de la Guerra de Corea, el norte había estado utilizando enormes sistemas de megafonía para hacer sonar en el sur de la DMZ una música feroz y elogios sobre su Jefe de Estado. El sur reaccionó con melodías populares coreanas, así como conferencias sobre la libertad y la democracia. Una consecuencia de la Política del Sol en 2004 fue que ambas partes detuvieron estas mutuas provocaciones.

Entre los resultados positivos de esta política se encuentra el **desarrollo económico de ambas partes**. Si bien Corea del Sur soportaba una pesada carga financiera, aportaba una gran cantidad de conocimientos técnicos y predominantemente de capital, logró una mayor estabilidad económica y la confianza de los inversionistas y los mercados extranjeros.

El inconveniente fue que los críticos vieron el esfuerzo financiero como una **ayuda al programa nuclear de Corea del Norte**, argumentando que la mayor parte del dinero no era para beneficio de la gente, sino para el sistema de armas del régimen.

6. Lee Myung-Bak (1941-), Presidente desde 2008 hasta finales de 2012

Después del suicidio de Roh Moo-Hyun, **Lee Myung-Bak** fue elegido Presidente. Fue miembro del Partido Conservador, por lo que el gobierno de centro-izquierda social-liberal fue reemplazado. Tenía experiencia política. Durante sus días de estudiante, participó en protestas contra la política del gobierno y fue encarcelado. Más tarde fue elegido para la Asamblea Nacional, después de lo cual **se desempeñó como alcalde de Seúl.** Pero también tenía experiencia en los negocios, porque antes de su carrera política, trabajó durante muchos años como **Director General de Hyundai**. Aquí se ganó el apodo de **"Bulldozer"** debido a su enfoque energético.

Lee promueve el desarrollo del mercado y fortalece el poder del Estado. En educación introduce los **préstamos estudiantiles**. Inmediatamente después de su elección, libera el mercado para la importación de carne de res de Estados Unidos. Al hacerlo, pierde popularidad entre la población, que temía a la rampante enfermedad de las vacas locas. En los años siguientes, logró estabilizar la situación económica que había sido golpeada debido a la **crisis financiera mundial en 2008/09.** En 2011, ratificó el **acuerdo de libre comercio con Estados Unidos**, que había iniciado Roh.

En el primer año de su Presidencia, el país está sufriendo una desgracia deprimente. Un incendiario prende fuego al famoso Tesoro Nacional, el Namdaemuntor en Seúl. El techo debe ser completamente renovado. El costo de la reparación, que tomó varios años, se estima en al menos $20 millones.

Lee era un **oponente declarado de la Política del Sol**. Quería que el Norte ya no recibiera mucha más ayuda (con alimentos básicos como el arroz) de la que daba a cambio (que era la característica básica de este tipo de política). **Corea del Norte, encabezada por Kim Jong-Il**, admitió las colaboraciones individuales, pero nunca abandonó su actitud fundamentalmente negativa. Por ejemplo, continuó negando que cientos de prisioneros de guerra (ahora viejos) y pescadores secuestrados durante la Guerra de Corea vivían allí, y se les negó la posibilidad de regresar. Además, Lee perturbó la persistente labor de Corea del Norte sobre el programa nuclear.

Lee detuvo la generosa práctica de sus predecesores, de que las compañías surcoreanas podían establecerse en el norte. Corea del Norte luego expulsó a varios políticos surcoreanos del complejo industrial conjunto Kaesong. A continuación, el país del norte se presenta al sur como autosuficiente y deja de solicitar apoyo. También teme otras resoluciones de la ONU en su contra. En 2006, por ejemplo, fue emitida una resolución para permitir que los envíos de carga de Corea del Norte fueran inspeccionados debido a las pruebas de armas nucleares.

En 2010, Kim Jong-Il acepta nuevamente los recursos de ayuda de Corea del Sur, especialmente porque los suministros de alimentos se están agotando. Lee sigue la línea de **dar beneficios humanitarios a la gente, pero sigue siendo políticamente difícil**. Un año antes, Corea del Norte había rescindido todos los acuerdos con el Sur; sin embargo, cuando murió Kim Dae-Jung, envió a una delegación de alto nivel para honrar al ex Presidente fallecido.

En el mismo año, **un buque naval surcoreano sufre un espectacular hundimiento**. El "Cheonan" se encuentra en las aguas territoriales en disputa entre la frontera sur y norcoreana. Es torpedeada y se incendia, muriendo 46 miembros de la tripulación. Una comisión de investigación encuentra que el torpedo dirigido es del tipo utilizado por Corea del Norte. Además, al mismo tiempo, algunos submarinos pequeños habían entrado en la zona desde una base septentrional. Una comisión de expertos de los países occidentales llegó a la conclusión de que Corea del Norte es responsable del incidente. Pero el gobierno niega cualquier participación.

Lee detiene todas las relaciones comerciales con Corea del Norte. Por su parte, Kim Jong-Il rompe relaciones diplomáticas con el Sur, alegando que la evidencia del hundimiento del barco era falsa. Luego hay una **colisión en la isla surcoreana de Yeonpyeong.** El ejército de Corea del Sur estaba realizando una maniobra con soldados estadounidenses e hicieron disparos al mar, donde nadie corría peligro. Pero Corea del Norte abre fuego contra la isla, impactando objetivos militares y civiles. Corea del Sur contraataca. Corea del Norte queda con un soldado muerto y otro herido, mientras que Corea del Sur tiene un saldo de dos soldados muertos, 16 heridos y tres civiles muertos.

Lee Myung-Bak redacta un plan para la política con Corea del Norte. Como objetivo, propone la **reunificación**, la cual conlleva tres etapas:

- una comunidad económica
- una comunidad de paz
- un impuesto de reunificación

Él quiere "abolir el muro de los diferentes sistemas y formar una comunidad de la nación coreana" y pide **"la coexistencia en lugar de la confrontación y el progreso en lugar del estancamiento".** Considera como primera condición indispensable, el **desarme nuclear de Corea del Norte.** Al mismo tiempo, advierte al país contra la agresión.

El Estado Mayor del Ejército Popular de Corea del Norte ahora amenazaba con dar una respuesta implacable a las maniobras militares renovadas, como Yeonpyeong. Pero Corea del Sur, junto con los EE. UU., realizó la maniobra conjunta anual en la que participaron más de 80,000 soldados. El norte no atacó, ni se armó.

Dos años después, Lee estuvo de acuerdo con el **Presidente de los Estados Unidos, Barack Obama**, para responder a las amenazas de Kim Jong-Il y las tensiones contínuas con un sistema de misiles basado en Corea del Sur, con un alcance de 800 kilómetros.

A fines de 2010, Seúl es la sede de la **Cumbre del G20**. Ante la crisis mundial, los participantes están de acuerdo con reglamentaciones estrictas para los bancos.

En 2012, Lee Myung-Bak se convirtió en el **primer Presidente de Corea del Sur** en aparecer en las Rocas de Liancourt. En la isla principal, se deja filmar por equipos de televisión, para molestia de Japón, frente a un grupo de Rock con un letrero que dice "Territorio de ROK" (ROK es la abreviatura de "Republic of Korea", el nombre oficial de Corea del Sur). Destaca que el archipiélago pertenece a Corea del Sur y necesita protección.

En octubre de 2018, mucho después de su mandato, Lee es **acusado de delitos graves** y condenado a 15 años de prisión y una multa equivalente a unos 10 millones de euros. Este se opone. Los cargos son soborno y malversación de fondos. Entre otras cosas, se le acusa de ser el dueño de la empresa DAS, de la cual dijo que el dueño era su hermano. Con los fondos de la compañía, supuestamente otorgó sobornos de millones de dólares. También supuestamente arregló el perdón de un líder de grupo de Samsung, que había sido amenazado con una fuerte multa por delitos fiscales.

7. Park Geun-Hyu (1952-) Presidente de 2013 a 2017

Poco antes de la Navidad de 2012, **Park Geun-Hyu** gana las elecciones presidenciales regulares, siendo juramentado en febrero de 2013.

Park trae una pesada herencia personal. Cuando tenía 22 años, su madre fue asesinada a tiros por un asesino que había querido conocer a su padre. Como resultado, se vio obligada, apenas adulta, a cumplir el papel de Primera Dama. Cinco años más tarde, su padre, el Presidente Park Chung-Hee, es asesinado por su propia agencia de inteligencia. Como una sombra, él está detrás de sus acciones. Cualquiera de sus decisiones es juzgada en relación con él. Algunos ven al ex Jefe de Estado como un poderoso dictador, otros como un héroe brillante del país. Siendo activista, Park Geun-Hyu también es **víctima de un asesino** que la atacó con un cuchillo en 2006, pero esta es una acusación difícil de sostener. Durante muchos años fue **Presidenta del Partido Conservador Saenuri**, del cual Lee Myung-Bak fue miembro durante muchos años. Estuvo por debajo de él en la última carrera presidencial.

Park proclama que su misión doméstica es enfocarse más en las personas que en la nación. Quiere crear **"una vida feliz para todos"** y una "cultura de convivencia y prosperidad". Esto no es una tarea fácil, simplemente porque el desempleo juvenil es alto, y no será capaz de reducirlo notablemente en el curso de su labor política.

En primer lugar, reestructura tanto a las oficinas del gobierno como la administración. Ahora hay **nuevos ministros para, por ejemplo, la ciencia, las tecnologías de la información, la comunicación y la pesca**. Quiere que la persona promedio de la población tenga un buen nivel vida y sea capaz de ganarse la vida por sí misma. Un paso para logra esto es el **acuerdo de libre comercio con Australia**, que se completará en 2014.

Park asume como su bandera la eliminación de los males sociales. También apunta a la creciente violencia doméstica y sexual y una mayor violencia en las escuelas. Por eso ella funda un comité para contrarrestar esto. En 2013, habla en el aniversario de la masacre de Gwangju y expresa su simpatía a los familiares.

Como primera acción de política exterior, Park visitó al **Presidente estadounidense, Barack Obama**, e intensificó la relación con Estados Unidos. Ambos hacen una declaración enfatizando la buena relación entre los dos países. Trabajando juntos, quieren promover la paz en el noreste de Asia. Todavía hay más de 20,000 SIG estacionados en Corea del Sur. Además, quieren ampliar sus relaciones comerciales, por lo que Park insiste en una mejor promoción de los conocimientos técnicos de ciencia y tecnología de Corea del Sur por parte de expertos estadounidenses.

Park es el primer líder surcoreano que visita Irán bajo el **Ayatolá Ruhollah Chomenei**, con quien acuerda una mayor cooperación y una mayor relación comercial. Habla con el Presidente ruso **Vladimir Putin** en 2013 durante la Cumbre del G20 y más tarde durante su visita a Corea del Sur. Tratan sobre la cooperación económica y el apoyo en la política hacia Corea del Norte, especialmente en las llamadas conversaciones entre las seis partes.

Las **Conversaciones entre las seis partes** se refieren al desarrollo de las armas nucleares en Corea del Norte. Los participantes que se suman a los dos estados coreanos son China, Rusia, Japón y Estados Unidos. Park quiere conseguir una mayor influencia. Pero las conversaciones son lentas de todos modos, tomando en cuenta que Corea del Norte las había establecido desde 2009.

Park promueve la política exterior activa de sus predecesores y visita varios estados, entre ellos Alemania. Corea del Sur ocupa un lugar cada vez más importante en la comunidad mundial, mientras que Corea del Norte se está aislando cada vez más.

Sin embargo, siempre hay problemas con **Japón**, especialmente por las Rocas de Liancourt, pero también por las **"mujeres de consolación"**. Este es el término japonés para las prostitutas obligadas a trabajar en los burdeles japoneses durante la guerra, provenientes de Corea del Sur. El ministro de Asuntos Exteriores de Park logra, después de una dura lucha, que Japón pague una suma equivalente a unos 7,5 millones de euros en un fondo de compensación. Pero las mujeres afectadas y otros sectores de la población se sienten insatisfechos, porque consideran que el gobierno actuó sin consultar a las mujeres afectadas. Ven el fondo sólo como una compensación benevolente, pero no como una indemnización genuina.

También hay desacuerdos con **China**. En 2013, tanto los chinos como los surcoreanos declaran la extensión de la zona de control de tráfico aéreo sobre el acantilado de Socotra en el Mar Amarillo, que se hace visible durante la marea baja. **Contrariamente al derecho marítimo internacional**, según el cual ninguna nación puede reclamar esta zona debido a la distancia del mar territorial, ambos estados insisten en que pertenece a su territorio.

Con respecto a **Corea del Norte**, Park también sostiene que se debe buscar una reunificación y que esta "condición anormal" no se puede tratar como normal. La libertad y los derechos humanos deben aplicarse a todos los coreanos. Ella también desarrolla un **plan de tres pasos**. Después de una unificación pacífica se debe realizar la integración económica y luego la integración política. Debido al apoyo de las Naciones Unidas hacia esta postura, Corea del Norte cesa por primera vez sus amenazas verbales y las provocaciones militares en la frontera. También surge una nueva colaboración en el Complejo Industrial de Kaesong, que Corea del Norte había boicoteado temporalmente.

Pero todas las propuestas de Corea del Sur prevén el **desarme en el campo nuclear** a cambio de los contactos y los paquetes de asistencia material. Y eso no es algo que el líder **Kim Jong-Un**, quien asumió el cargo desde finales de 2011, no está dispuesto a permitir, siguiendo los pasos de su padre, Kim Jong-Il. Por su parte, Corea del Sur pone fin a su cooperación en Kaesong en 2016 debido a una prueba nuclear de Corea del Norte. (A principios de 2019, Kim Jong-Un reiniciará las conversaciones de cooperación).

En 2012 y 2013, ambos estados coreanos pusieron en órbita sus respectivos **satélites.** En los años siguientes, Corea del Sur acusa al Norte de **ataques cibernéticos** varias veces.

En los próximos años habrá nuevas **provocaciones** en las regiones fronterizas (por tierra y mar). Corea del Norte está reaccionando agresivamente a los extensos ejercicios militares de Corea del Sur apoyados por los Estados Unidos que ahora se llevan a cabo con tropas reforzadas en el sur, y también a los globos con escritos dirigidos contra su Jefe de Estado, que hacen que los activistas surcoreanos vuelen desde la frontera hacia el territorio del norte. El sur retoma su frontera con textos de libertad y democracia, después de lo cual se dispara a los altavoces del norte. Sin embargo, no se habla de muertos ni heridos.

El año 2014 trae una catástrofe para Park y, como resultado, la población se ve afectada y de lo cual nunca se recupera por completo. El **ferry "Sewol"** se volcó en el Mar Amarillo. La mayoría de las 304 víctimas son estudiantes. Nueve pasajeros permanecen desaparecidos, y sus cuerpos no son hallados a pesar de un extenso trabajo de búsqueda. Una madre dice en un servicio conmemorativo que nunca se debe olvidar que "todavía hay personas en el naufragio oxidado y apestoso".

El Capitán es condenado por asesinato. Pero las causas del accidente no sólo se encuentran en la sobrecarga y la falta de mantenimiento, sino también en **regulaciones legales demasiado laxas.** La población también culpa a Park por no expresarse públicamente sino hasta siete horas después del accidente. Siendo un hecho conocido que ella usa tratamientos de belleza, se propaga rápidamente el rumor de que lo habría estado haciendo en el momento de la tragedia. Ella asegura que, durante ese tiempo, estaba en conversaciones con las autoridades para decidir las acciones a tomar después del accidente. Pero ya se había sembrado la desconfianza.

De allí en adelante, Park recibe cada vez más acusaciones de no lograr el éxito en la política económica, de no respetar suficientemente la libertad de expresión y de hacer que los libros de Historia emitidos por el Estado exalten el papel político de su padre. La aprobación de sus políticas cae inmensamente, incluso dentro de su propio partido, que la acusa de decisiones arbitrarias.

A finales de 2016 habrá **marchas de protesta y manifestaciones contra Park**. La razón principal de esto radica en las denuncias de fraude y abuso de poder. Se trata de su **consejera Choi Soon-Sil**, la hija de un confidente de larga data. Se dice que le proporcionó información sobre el trabajo del gobierno, que debía ser estrictamente confidencial. Se dice, entre otras cosas, que Choi usó la proximidad con el Presidente para obtener una influencia ilegal significativa sobre las empresas. Se habla de compañías que participaron en chantaje y extorsión, y se menciona entre ellas el nombre de **Samsung**. De hecho, un miembro de alto rango de la compañía es arrestado y condenado a cinco años de prisión. Se dice que Choi benefició a su hija a través de la falsificación de documentos. Ella es sentenciada a 20 años de prisión. Además, se arresta a políticos de los que se dice que tienen listas negras sobre disidentes, especialmente sobre artistas.

En diciembre de 2016, el Parlamento solicitó que Park fuera removida de su cargo. Esto es lo que se resuelve en el tribunal competente. En 2017, fue arrestada y sentenciada en 2018, principalmente por **soborno**, a 25 años de prisión y a pagar una multa equivalente a 15 millones de euros. En un juicio independiente, también es condenada a 8 años de prisión **por aceptar fondos del Servicio Secreto e influir ilegalmente en la elección**.

XII. Corea del Norte

1. Kim Il-Sung (1919-1994), dictador de 1948 a 1994.

Kim Il-Sung asumió el control del gobierno en la recién fundada República Popular Democrática en 1948. Un año más tarde, también aseguró la **presidencia del Partido de los Trabajadores**. Él suspendió todos los partidos y movimientos de oposición. Las **acciones de limpieza** que anulan a los críticos del régimen también se propagan a lo largo de todo su período de gobierno. Anteriormente había servido como Comandante en el Ejército de la Unión Soviética. Bajo su **liderazgo estalinista**, Corea del Norte fue conducida a la Guerra de Corea.

Sus objetivos eran el **empoderamiento económico** bajo la supremacía del Estado y la **abolición de la propiedad privada**, el avance de las industrias y la **reunificación** con el Sur bajo su liderazgo y el gobierno del Norte. Organizó una reunión cumbre en Corea del Sur con el Presidente Kim Young-Sam en 1994, que habría sido históricamente significativa, pero fracasó porque él mismo falleció antes. Durante toda su vida, fue apodado **"el Presidente eterno"**.

Inmediatamente después de la Guerra de Corea y hasta finales de los años 60, la economía de Corea del Norte se estabilizó, especialmente con la ayuda de la **Unión Soviética**. Pero luego las cosas van cuesta abajo rápidamente. En los años 90, se producen las **hambrunas** como resultado de su mala gestión, especialmente en la agricultura. Cuando ocurren las catástrofes climáticas, el país no tiene cómo contrarrestar la pérdida considerable de cultivos. Los suministros se agotan rápidamente.

También ocurre la **desintegración de la Unión Soviética** a principios de los años 90 y, como consecuencia, la falta de apoyo de un socio de ideas afines. La calidad de vida de la población disminuye enormemente. Casi **un millón de personas mueren de hambre en Corea del Norte** hasta poco antes del cambio de milenio. Aún los que pueden mantenerse a flote sufren perjuicios. Hasta la estatura promedio de los jóvenes disminuye, por lo que los uniformes militares deben reducirse a tallas más pequeñas. Muchas personas huyen a la vecina China o al Sur.

Algunos informan que hasta las mascotas chinas reciben mejor alimentación que las personas en su país de origen.

Kim Il-Sung establece un sistema de **militarización, supremacía estatal, desprivatización y control absoluto**. El Estado asume la supervisión de los medios de comunicación. Es el propietario de todos los bienes, desde las tiendas donde se compran las cosas materiales, hasta la propiedad intelectual de ideas y pensamientos que se expresan en las comunidades y organizaciones humanas. El derecho a viajar también es severamente restringido.

Para sustentar ideológicamente su política de opresión, Kim Il-Sung elabora una teoría que quiere hacer entender como un desarrollo posterior del marxismo-leninismo, adaptado a Corea. Se le llama con el título "**Juche**" (en español: autonomía) y se basa en los siguientes puntos

1. Autosuficiencia económica e independencia de otros estados.

2. La capacidad incondicional de autodefensa de Corea del Norte y

3. La soberanía política de Corea del Norte.

Por encima de todo, justifica el fuerte incremento de las fuerzas militares y la presencia constante de soldados en todo el país. Propaga sus ideas como el "espíritu revolucionario del poder autónomo", pero los extranjeross las consideran como una compulsión a la obediencia incondicional al Partido Comunista.

Kim Il-Sung respalda su gobierno con un sistema social de bienestar que introduce a fines de la década de 1950 llamado **Songbun**. Los norcoreanos son divididos en cinco grupos, de los cuales el primero es el mejor y el quinto el peor. La asignación se realiza mediante dos criterios.

El primero es la determinación de la posición política de los antepasados paternos, remontándose a varias generaciones atrás. Cualquiera que haya estado del lado de Kim Il-Sung desde el principio (a menudo póstumamente) generará la mejor **Songbun** para sus descendientes, y a los oponentes les ocurrirá lo contrario.

El segundo se refiere a la ocupación actual. Sin embargo, hay un componente que supera el estatus profesional. Cualquier persona que haya estado en contacto con Kim Il-Sung aumenta su Songbun enormemente. Por lo tanto, se vuelve extremadamente deseable ser fotografiado con él durante sus apariciones públicas. Esto es lo que hace surgir una buena parte de las imágenes que muestran a las multitudes jubilosas. Cualquiera que demuestre que ha hablado con él durante al menos quince minutos también puede acreditar esto al registro de su Songbun.

El Songbun tiene un impacto en la vida de los individuos desde una temprana edad. Influirá en la decisión de la escuela a la que se les permita ir, así como también a la elección del lugar de residencia. Cualquiera que tenga un disidente en su familia probablemente nunca vivirá en la capital y puede que ni siquiera la visite. Aquellos que vivían en Pyongyang y recibieron un mal Songbun tuvieron que mudarse a suburbios poco atractivos. Para cualquiera que esté cerca de Kim, se le abren las puertas del mundo (Corea del Norte). Sin embargo, se excluye del Songbun la asignación de alimentos que dependen del lugar de trabajo.

Cualquiera que se exprese contra el sistema comete un delito grave. Es encarcelado en un campamento para presos políticos o condenado a muerte. Los miembros de la familia hasta la tercera generación también pueden ser castigados, generalmente con prisión en campamentos. Muchas personas son ejecutadas en lugares públicos. A los parientes más cercanos se les obliga a sentarse en la primera fila. Las escuelas cierran en esos días porque los estudiantes son obligados a asistir a las ejecuciones. Al mismo tiempo, se instruye a los niños para que vigilen a sus padres, y se supone que los vecinos deben vigilarse mutuamente. Se abren las puertas a todas las **denuncias.**

Todas estas medidas se aplicarán más o menos violentamente durante esta y las posteriores dictaduras en Corea del Norte. Sólo el Songbun de origen se suaviza un poco, porque algunos de los funcionarios protestaron fuertemente contra la expiación por los pecados de sus antepasados. La existencia de campos de concentración, demostrada a partir de fotografías aéreas estadounidenses, por ejemplo, es fundamentalmente negada por Corea del Norte.

2. Kim Jong-Il (1941 - 2011), dictador de 1994 a 2011

Kim Jong-Il estudió Economía en Pyongyang después de haber asisitido a la escuela tanto en la antigua Alemania Oriental en China. Ya a la edad de 23 años, se le otorgó una posición de liderazgo en el Partido de los Trabajadores y, desde entonces, era un verdadero político. Actuó como Secretario Privado de su propio padre, siendo nombrado como sucesor del anterior en 1980. Aún así, tuvo muy pocas apariciones públicas antes de la muerte de Kim Il-Sung.

Sin embargo, ejecuta tareas como los **secuestros** típicos de Corea del Norte. Así que lleva a cabo el secuestro de un respetado Director y una renombrada actriz de Corea del Sur. Son obligados a hacer algunas películas para el fanático Kinofan (incluido el personaje de Godzilla) antes de poder regresar a su país de origen después de varios años. Japoneses, malayos, tailandeses, franceses y otros extranjeros también son secuestrados. Se supone que deben transmitir sus conocimientos a Corea del Norte. Es entonces que la ex Secretaria de Estado **Madeleine Albright** afirma que Kim Jong-Il se está extralimitando en las funciones de su cargo.

Kim Jong-Il es considerado una personalidad peculiar, casi desconcertante. Los medios de comunicación de Corea del Sur a menudo lo retratan como un personaje exagerado, a quien le gusta llevar una vida de Playboy con abundantes delicias culinarias y en compañía femenina. Los embajadores rusos informan que bebe grandes cantidades de vino y come langosta con palillos de plata. Pero en los círculos políticos se le considera **inteligente, bien informado y manipulador.**

Continúa sus campañas de propaganda de forma masiva y deja que lo veneren como a un héroe. Desarrolla un verdadero **culto a la personalidad**. Se dice que cuando nació en una montaña sagrada, un doble arco iris y una estrella súper brillante aparecieron en el cielo, lo cual había sido predicho. Sin embargo, es muy probable que el lugar donde realmente viera la luz fuera una base militar soviética.

Durante el gobierno de Kim, la crisis doméstica empeora debido a otra **hambruna**. Se agotan los combustibles para las fábricas y la energía para las oficinas climatizadas. A medida que aísla cada vez más a su país en materia de política exterior, le pide ayuda a China. Al mismo tiempo, suprime los disturbios emergentes y fortalece la presencia militar. Dos periodistas estadounidenses son arrestados por razones políticas. El presidente de los Estados Unidos, **Bill Clinton**, personalmente, logra que sean liberados de nuevo. La tasa de criminalidad y la prostitución aumentan entre la población debido a las difíciles condiciones de vida. La gente trata de hacer todo lo que puede para conseguir dinero para comprar comida. Quien puede huir, lo hace, especialmente hacia China.

Después del cambio de milenio, se produce una distensión económica. Los mercados de bienes y servicios son más tolerados, y es permitido un **bajo nivel del sector privado**. China fortalece sus relaciones comerciales con Corea del Norte. El **complejo industrial coreano Kaesong** ayuda a que aumente el empleo. Pero Kim desconfía de cualquier tendencia anticomunista y lanza una reforma monetaria para destruir la propiedad privada. Como esto conduce al aumento de la inflación, el régimen tiene que aceptar un bajo nivel de iniciativa privada.

Kim Jong-Il trata a veces de disminuir las tensiones con Corea del Sur, como lo demuestra la cumbre con el Presidente Kim Dae-Jung en el año 2000. Esto hizo que, unos años más tarde, fueran transferidos unos 50 millones de dólares a Corea del Norte, destinados a ayudar en un **desastre causado por una inundación**. Posteriormente, Kim Il-Jung liberó a algunos pescadores de Corea del Sur, y envió una delegación a los actos del sepelio del líder surcoreano.

En diciembre de 2011 muere Kim Jong-Il. La muerte del gobernante es acompañada de muestras de un inmenso dolor público. Los mitos sobre su persona vuelven a estallar, difundidos por los medios de comunicación controlados por el Estado. Informan acerca de fenómenos naturales increíbles que ocurrieron en el momento de su muerte. Por ejemplo, la repentina ruptura de un lago helado, el resplandor rojo de la montaña sagrada en la que supuestamente nació, y una concentración de urracas que se reunieron en un árbol para llorar.

Entre la población se activan los dolores subliminales de conciencia que se han mantenido con vida constantemente, porque Kim siempre ha sido retratado como un ser humano extremadamente trabajador que hizo cosas sobrehumanas a favor de su gente y a quien todos deberían emular. A veces era casi venerado como un dios. Llegó a decirse que aprendió a caminar a las tres semanas después de haber nacido, y que nunca tuvo que ir al baño. Bajo su guía, recibió más de 30 nombres glorificantes, por ejemplo, "Querido Líder". En lugar de "querido", también se utilizó "único", "brillante" y "grande". Otras designaciones incluyeron "Sol del futuro comunista", "Estrella resplandeciente del Monte Paektu" (la montaña donde supuestamente nació) y "Amado padre".

3. Kim Jong-Un (1983 o 1984 -), Líder Supremo desde 2011

Ya en 2009, **Kim Jong-Il** había hecho de su hijo menor, Kim Jong-Un, el Comandante Supremo de la Inteligencia. En el otoño del siguiente año, lo coloa en altos cargos políticos y le encomienda importantes tareas militares. Por lo tanto, no causó sorpresa que fuera nombrado inmediatamente después de la muerte de su padre como **Presidente del Partido, el Ejército y el Estado.** El "Líder Supremo", como se le llama oficialmente, asistió a la escuela en Suiza y luego a la universidad militar en su Pyongyang natal. Lo más probable es que nunca haya completado el servicio militar.

Después de asumir el poder, Kim Jong-Un es descrito en el país como un **"gran sucesor"**. Se presenta como una variante contemporánea de su famoso abuelo. Como es costumbre en Corea del Norte después de su padre, es habitual encontrar una foto o una estatua de él a cada paso en la ciudad y en el país.

Continúa con la **política dictatorial** de eliminar a las personas que no comparten sus políticas o que puedan volverse peligrosas para él, asi que despide a varios funcionarios. Tampoco se aleja de las medidas violentas. Para asegurar el poder, hace que su propio tío sea ejecutado. También hay un ataque mortal contra su hermanastro, que muy probablemente fuera ordenado por él. Fortalece la presencia militar en la zona fronteriza, lo que resulta en una reducción notable en el número de refugiados. Permite el cambio de la economía hacia actividades basadas en el mercado. Boicoteó el complejo industrial de Kaesong por un tiempo en abril de 2013, pero acepta reabrirlo después de unos meses.

El estilo de su **política exterior** se caracteriza por el hecho de que oscila entre el deseo expresado de lograr una distensión con Corea del Sur y los Estados Unidos, lo cual necesariamente incluye el desmantelamiento del programa de armas nucleares, y el antiamericanismo, y la insistencia en mover las armas nucleares de un lado a otro.

4. La vida en Corea del Norte

Aunque el sistema comunista se ha abierto a algunos estándares de la economía de mercado, ha estado operando esencialmente de la misma manera durante décadas. Esto se desprende de los informes de refugiados y periodistas que han visitado Corea del Norte, así como de las comunicaciones de empresarios que trabajaron allí, así como de registros e imágenes que pasaron inadvertidas.

Se mantiene el culto a la personalidad extrema del gobernante. La imagen de Kim Jong-Un está en todas partes. Igualmente están presentes las imágenes de **misiles y armas**, que se presentan enormemente grandes. Además, siempre hay **pancartas antiamericanas** que muestran a los Estados Unidos como el gran enemigo. Hay un Museo de la Guerra de Corea que todos los estudiantes deben visitar una vez, el **"Museo de la Victoria en la Guerra Patriótica"** en Pyongyang. Los visitantes extranjeros también deben detenerse aquí para realizar una visita guiada. Allí se pueden ver imágenes crueles que muestran a los soldados estadounidenses y surcoreanos como inhumanos y los norcoreanos como héroes, y al pueblo de Corea del Norte como víctima. Además, se afirma que la guerra fue iniciada por el Sur.

Otras visitas conducen a grandes instalaciones agrícolas, pero no es posible entrar en contacto con los trabajadores. En general, se evita que los visitantes tengan contacto con la población. **Internet** es en gran medida inaccesible. Se puede enviar un correo electrónico a algunos recepcionistas de hoteles, pero no está permitido operar la PC de forma independiente, por lo que es muy probable que los contenidos sean controlados.

Los niños son educados bajo la creencia de que los norcoreanos son como un **pueblo escogido,** con personas que están bien dotadas pero constantemente amenazadas por los estadounidenses hostiles, al punto de que requieren de un líder casi sobrenaturalmente poderoso, además de un sistema de armamento eficaz y funcional. A los estudiantes invitados del extranjero se les hace tener la seguridad de que en Corea del Norte viven las personas más felices del mundo, con los mejores líderes nacionales. Todos, grandes o pequeños, están aislados del mundo exterior. El control social mutuo es muy alto, lo cual conduce a que haya muchas denuncias. A menudo **se responsabiliza al clan familiar**. Cuando alguien es arrestado por algo considerado como una ofensa, su familia desaparece repentinamente de la escena.

El **ejército** tiene un tamaño de aproximadamente un soldado por cada 25 personas (en los EE. UU. es de un soldado por cada 230 personas). Esto significa que muchos soldados, por ejemplo, son campesinos en su casa, pero deben servir en el ejército. Por lo tanto, se puede ver a personas uniformadas trabajando regularmente en los campos o en la construcción de casas y carreteras. Están constantemente presentes en la vida pública. Los hombres deben servir por 10 años, y las mujeres, dos años.

La **nutrición adecuada de la población** sigue siendo todavía un asunto delicado en Corea del Norte. Es bien sabido desde hace mucho que los gobernantes viven llenos de lujos, mientras que la población apenas tiene suficiente para comer. Al momento que ocurre una falla en un cultivo, el hambre amenaza en muchos lugares. Recientemente, esto ocurrió en el 2016, a pesar de que la fortaleza económica de Corea del Norte había aumentado. Despues de todo, se están invirtiendo constantemente grandes sumas de dinero en sistemas de armamento.

Para asegurarse las cosas más necesarias, funciona un **puente comercial hacia China**. Sólo existe de manera extraoficial, pero nadie lo obstaculiza. Aquí se lleva a cabo un intercambio de bienes, que sirve para el sustento de muchas personas y abre las puertas al contrabando. Además, Corea del Norte tiene connivencia con **Rusia y China**. Ambos países proporcionan empleos para los norcoreanos, los chinos, especialmente en la industria textil, los rusos, especialmente en la silvicultura. Pero esto se encuentra con el aparato del gobierno de Corea del Norte, que retiene hasta el 80% de los salarios. El dinero va directamente a los altos funcionarios del gobierno y, por supuesto, al propio dictador. Sin estas fuentes de alimentos, la población moriría hambre o de frío, debido a que las sanciones contra la aislada Corea del Norte por causa de las pruebas de misiles nucleares que realiza han aumentado constantemente desde el cambio de milenio.

5. Misiles y armas nucleares de Corea del Norte.

La historia de Corea del Norte ha estado estrechamente vinculada desde la década de 1980 con la pregunta de cómo es que el país tiene el **potencial de producir armas nucleares** y cómo las maneja. Los gobernantes de Corea del Norte oscilan entre concesiones y amenazas, especialmente hacia Estados Unidos y Corea del Sur. Al mismo tiempo, siempre está latente el tema de la **reunificación**, que, a pesar de algunas discusiones entre los respectivos Jefes de Estado, parece cada vez menos probable a lo largo de los años.

Sin embargo, las amenazas de ambos países de invadir al otro están disminuyendo constantemente. En parte, Kim Jong-Un está reemplazando la amenaza de la aniquilación. A Corea del Norte nunca le ha gustado el hecho de que existan bases del Ejército de los EE. UU. en Corea del Sur, especialmente porque esto ha construido una imagen de los Estados Unidos como un enemigo, la cual nunca ha disminuido. Especialmente bajo Kim Jong-Un, hay un vaivén constante entre las demostraciones de poder y las concesiones.

En 1985, Corea del Norte se une al **Tratado Internacional de No Proliferación Nuclear** y acuerda no producir armas nucleares. Pero eso sucede sólo porque el servicio secreto estadounidense ha rastreado un reactor norcoreano que puede producir plutonio. Un año más tarde, Corea del Norte encargó un **reactor nuclear de investigación en Nyongbyon**, donde ya se habían construido instalaciones nucleares en la década de 1960 con ayuda soviética.

A principios de la década de 1990, el **Organismo Internacional de Energía Atómica de las Naciones Unidas** acusó al país de no cumplir con el Tratado de No Proliferación Nuclear. Esta sospecha surge de las mediciones de la Autoridad y se ve agravada porque Corea del Norte no otorga acceso sin restricciones a las instalaciones. La agencia descubre un potencial nuclear estimado de tres ojivas, lo que lleva a tensiones importantes en Estados Unidos con la no cooperativa Corea del Norte. Kim Jong-Un amenaza con rescindir el contrato y hace una prueba lanzando un misil al Mar de Japón.

En **1994**, la escalada de tensiones creó una situación que casi provocó una **guerra**. El Presidente estadounidense **Bill Clinton** está considerando seriamente un ataque militar contra Corea del Norte. El Presidente de Corea del Sur, **Kim Young-Sam**, está tratando de contrarrestar esta idea lo mejor que puede. Sin embargo, Carter ya está recibiendo apoyo de su asesor militar. En el último minuto, el ex Presidente Jimmy Carter, conocido por sus habilidades diplomáticas, salva la situación. Le recuerda al gobernante **Kim Il-Sung** de una invitación de tiempos anteriores.

De hecho, se le permitió ingresar (y hasta se celebró en su tierra natal como el primero en cruzar la zona desmilitarizada en ambos lados). Disfrazando el encuentro como una visita privada, junto con su esposa, Carter convierte la reunión en una **gestión de la crisis.** Critica públicamente al gobierno estadounidense y se muestra en fotografías para los medios de comunicación en buena armonía con el dictador norcoreano. Para salvar su rostro, dice que no se puede detener el Tratado de no proliferación nuclear y pone en suspenso el programa nuclear de Corea del Norte por el momento. También otorga acceso sin restricciones a la autoridad nuclear. A cambio,

EE. UU. acuerdan medidas para permitir que los reactores nucleares se conviertan en energía nuclear civil. Las negociaciones oficiales comienzan en julio, y poco después muere Kim Il-Sung. Pero su hijo pone fin a las conversaciones en octubre, que entran en la historia de los dos estados como **"Agreed Framework" ("Marco de trabajo acordado").** Por lo tanto, Carter desterró el peligro de una guerra entre Corea del Norte y Corea del Sur, que fácilmente podría haberse convertido en una guerra mundial entre grandes potencias.

Pero **después de firmado el tratado, Corea del Norte** no se comporta de manera cooperativa. En 1996, anunció incluso que ya no veía el alto el fuego como real, y estacionó a miles de soldados más en la zona desmilitarizada. Dos años después, dispara un misil de largo alcance que vuela sobre Japón y aterriza en el Pacífico.

Después de los ataques terroristas en septiembre de 2001 en el World Trade Center, **George W. Bush**, quien asumirá la presidencia ese año y favorece una postura dura contra Corea del Norte, dibuja una línea roja hacia los **"estados deshonestos"** y traza un **"eje del mal"**. Incluye a Corea del Norte en ambos, a los que también considera un posible objetivo para una misión de armas nucleares. Esta actitud refuerza la tendencia de que EE. UU. respalda a Corea del Sur y China a Corea del Norte, que ya no puede contar con el apoyo incondicional de Rusia desde que se derrumbó la Unión Soviética.

La situación empeora de nuevo. A fines de 2002, se anunció que Corea del Norte mantiene un **programa nuclear** basado en uranio, que incluye a Nyongbyon. Unos meses más tarde, Kim Jong-Il anuncia su retiro del Tratado de no proliferación nuclear y boicoteó la vigilancia de la agencia de las Naciones Unidas al desalojar a los inspectores y destruir las cámaras de vigilancia. Como resultado, EE. UU., Japón y Corea del Sur detienen el suministro de petróleo a Corea del Norte en un acuerdo conjunto.

En 2005, Kim Jong-Il anuncia que tiene armas nucleares que Corea del Norte necesita para la autodefensa, especialmente contra el "estado imperialista de los Estados Unidos". Los expertos estiman que el material existente tiene el potencial para construir hasta seis **bombas atómicas**. Un año más tarde, realiza **pruebas nucleares subterráneas**, que son fuertemente condenadas por la comunidad internacional. Una vez más, se vuelven a implementar sanciones económicas apoyadas por la ONU.

Hay una **distensión temporal** en 2007 cuando Corea del Norte cierra su reactor en Nyongbyon y otorga acceso a cuerpos de control, por lo cual recibe como ayuda decenas de miles de toneladas de aceite para calefacción. Incluso la expresión **"tratado de paz"** vuelve a resonar.

Pero dos años después, el gobernante de Corea del Norte cancela toda cooperación y prueba un misil de largo alcance. Las razones del cambio de su estado de ánimo son las sanciones económicas japonesas y el cambio en la política norcoreana del nuevo Presidente de Corea del Sur, Lee Myung-Bak. En 2009 ocurre la segunda **prueba nuclear subterránea.**

Cuando comienza el período de **Kim Jong-Un**, nada cambia en las relaciones básicas de Corea del Norte. El nuevo gobernante entendió después de un año que sus misiles podrían alcanzar fácilmente a los Estados Unidos. Probablemente esto debe entenderse como una reacción a un acuerdo entre Estados Unidos y Corea del Sur, que apunta a un aumento en la gama de misiles de Corea del

Sur. En 2012, Corea del Norte falló en el lanzamiento de un cohete que debía poner un **satélite** en órbita (supuestamente en honor al centésimo cumpleaños de Kim Il-Sung). De hecho, este proyecto tiene éxito en un segundo intento.

Bajo el gobierno de Kim Jong-Un se lleva a cabo la **tercera prueba nuclear en 2013**. El Consejo de Seguridad de la ONU impuso nuevamente sanciones. Esta vez, China también critica a Corea del Norte. En el mismo año se descubre en Panamá un barco norcoreano que oculta aviones de combate bajo sacos de azúcar. Kim Jong-Un también amenaza a los primeros ejercicios militares conjuntos de Estados Unidos y Corea del Sur con un primer **ataque nuclear** contra los dos países y, unos meses más tarde, anunció que la planta de energía nuclear Nyongbyon está completamente activada. También cierra el centro industrial Kaesong para los norcoreanos. Ahora la comunidad internacional habla de una renovada **"crisis coreana"**.

A principios de 2016, Kim Jong-Un logra una prueba exitosa de una **bomba de hidrógeno**. Los expertos dudan, debido a que los medios sólo muestran un contenedor que no necesariamente tiene que contener una bomba. Pero luego el gobernante informa sobre sus **pruebas nucleares número cuatro y cinco**, a las que, a su vez, siguen las sanciones de la ONU. Esta vez se decide comprar mucho menos carbón y minerales a Corea del Norte, (por debajo del 50%).

Corea del Norte tiene contactos con Pakistán, Irán y otros países. Se cree que están intercambiando materiales, planes y programas para armas y sistemas nucleares. La propia Corea del Norte exporta accesorios técnicos para la **construcción de misiles** allí. El objetivo declarado de Corea del Norte es, como lo anuncia como el propio régimen, poseer ojivas nucleares que puedan llegar hasta los Estados Unidos a través de un misil balístico intercontinental. Kim Jong-Un declaró en 2017 q ue este objetivo ya había sido logrado.

XIII. Desarrollo en los años 2017 y 2018.

1. Elecciones en Corea del Sur

En las elecciones de mayo del 2017, el partido conservador de Park ya no tiene oportunidad. El candidato del partido de centro-izquierda, Minju, **Moon Jae-In (nacido en 1953),** es electo Presidente de forma abrumadora. Sus padres habían huido del Norte durante la guerra de Corea.

En las elecciones del 2012, Moon fue el rival de Park Geun-Hye, quien ganó por poco. Permaneció políticamente activo y rápidamente, después de la acusación de Park, se convirtió en el mejor hombre en la competencia de candidatos. Su fuerte competidor del partido conservador fue inicialmente **Ban Ki-Moon**, el ex Secretario General de las Naciones Unidas, pero éste anunció su retirada poco antes de la elección.

Moon promete reducir el **poder de los Jaebols**, que aún tienen una fuerte influencia. En este aspecto, él desea combatir contra los vínculos entre el gobierno y las empresas. Con respecto a la **política hacia Corea del Norte**, persigue el objetivo de lograr un entendimiento a través de una solución diplomática. Sus críticos inmediatamente llaman a esta actitud una nueva Política del Sol inapropiada.

2. Relación entre Corea del Sur y Corea del Norte

Unos días después de que Moon asume el cargo, Corea del Norte hace una prueba de un misil balístico. Reacciona con una serie de ejercicios de fuego en vivo que realizan soldados surcoreanos con los SIG. Cuando el Norte lanza un misil de largo alcance al Mar de Japón en julio, Moon se enfoca en su cooperación con los Estados Unidos y enfatiza que, a pesar de su fe inquebrantable en el diálogo, cree que se necesita una defensa apropiada de su país.

Un mes después, Kim Jong-Un amenaza con lanzar cohetes hacia el Pacífico, cerca de la **isla de Guam**, donde se encuentra una base militar estadounidense. Él desea involucrarse en una "acción de fuego histórica". En Japón, Guam y los Estados Unidos, se hacen preparativos para la posible emergencia, que sin duda afectará a Corea del Sur. Moon enfatiza que nadie debe iniciar un conflicto militar que involucre a Corea del Sur sin su consentimiento (claramente, sin implicar a los Estados Unidos). China anuncia su compromiso de renovar las sanciones de la ONU contra Corea del Norte. Además del carbón, también se ven afectados los alimentos como los mariscos.

La respuesta de Kim Jong-Un a las sanciones se produce en septiembre. Es el anuncio de que él ha probado una **bomba de hidrógeno**, así como también el lanzamiento de un **cohete** desde Pyongyang que vuela sobre la isla japonesa de Hokkaido y luego cae en el Pacífico. Debido a que Corea del Sur también había lanzado un cohete al Pacífico con propósitos de práctica, Japón decidió no interceptar el misil de Corea del Norte. Sin embargo, se hizo un llamado a la población para abandonar sus hogares y trasladarse a lugares seguros.

Una **oportunidad para una mejor comunicación** entre los dos frentes endurecidos se ofrece con los **Juegos Olímpicos de Invierno 2018** en el surcoreano Pyeongchang. Primero, Kim Jong-Un, hablando en su discurso de Año Nuevo, dijo que estaba "abierto al diálogo" y que estaría dispuesto a enviar un equipo de su país a los Juegos de Invierno en el Sur. **La hermana de Kim Jong-Un**, **Kim Yo-Jong**, desempeña un papel decisivo en la disposición de ambas partes para comprometerse en un esfuerzo conjunto. Ella asistió a una escuela suiza junto con su hermano y siempre ha estado muy cerca de él. Después de trabajar para su departamento de propaganda durante varios años, fue llamada a formar parte del Politburo en 2017.

Durante la inauguración de los Juegos Olímpicos en febrero de 2018, Kim Yo-Jong también se sienta junto a Moon en el palco presidencial. Ambos observan cómo los jugadores de hockey sobre hielo de Corea del Sur y del Norte juegan **juntos en el estadio como equipo**, así como bajo una **bandera común** que muestra una Corea unida sobre un fondo blanco. Después, las porristas de Corea del Norte bailan frente al mundo. Un día después, funcionarios norcoreanos aparecen en la Casa Azul del Presidente y le entregan un mensaje escrito a mano de Kim Jong-Un, invitándolo a una reunión en Pyongyang.

El hielo parece romperse. En marzo, funcionarios del gobierno de Moon acuden a la invitación a Pyongyang para cenar con Kim Jong-Un. Esto representaba su aprobación para efectuar un debate sobre la desnuclearización coreana conjunta, a cambio de proporcionar una garantía de seguridad por parte de los Estados Unidos.

En abril, Kim Jong-Un y Moon Jae-In se encuentran en el lado sur del cruce fronterizo de Panmunjeom. Por primera vez, un gobernante de Corea del Norte entra en el territorio del Sur. Esta **tercera cumbre intercoreana del 27 de abril de 2018** se denominó **"Declaración de Panmunjeom".** Los dos acuerdan detener las actividades hostiles mutuas y trabajar hacia una desnuclearización de la península. También se habla de la conclusión pendiente de un tratado de paz para que el alto al fuego de la Guerra de Corea, que existía como una mera formalidad, finalmente se convierta en historia. Otro tema es la apertura de conversaciones conjuntas con las dos potencias mundiales, EE. UU. y China. De allí surge la frase significativa de que **"no habrá más guerra en la península de Corea"**.

3. Donald Trump y Corea del Norte

Cuando Corea del Norte anuncia que sus misiles podrían llegar a los Estados Unidos de América, Trump tuitea el comentario sobre si "este tipo podría hacer algo mejor con su vida". Reacciona a las nuevas pruebas de Corea del Norte con la amenaza de que responderá con "fuego e ira de una manera que el mundo aún no ha visto". También realiza una **parada** en Corea del Norte y aconseja a los estadounidenses que se encuentran allí para que regresen. Esta es una reacción al hecho de que el estudiante estadounidense **Otto Warmbier** fuera acusado de robo en una visita a Corea del Norte y condenado a 15 años de prisión, pero luego se encontraba en estado de coma cuando fue liberado.

En septiembre, Trump amenaza con destruir completamente a Corea del Norte en su primer discurso ante la **Asamblea General de las Naciones Unidas**, diciendo que "Rocket Man está en una misión suicida". Coloca al país nuevamente en la lista de partidarios del terrorismo, de donde George W. Bush lo había eliminado en 2008 en el transcurso de las negociaciones.

Ante la declaración de "fuego e ira" de Trump, que, según varios informes, no fue considerada como el lenguaje correspondiente de una autoridad competente, Corea del Norte reaccionó con burla. La alusión a Kim Jong-Un como "Rocket Man", es repondida con la acusación de que el Presidente de los Estados Unidos está espiritualmente perturbado. **Altos funcionarios militares** dicen que Trump causa molestia a los soldados de Corea del Norte. Consideran que sólo la fuerza absoluta sería apropiada para tratar con él, ya que no entendería otra cosa.

En su discurso de **Año Nuevo en 2018**, **Kim Jong-Un** afirma claramente que EE. UU. está dentro del alcance de sus armas nucleares, y que tenía un **botón para activar las armas nuclea-**

res en su escritorio. Trump luego responde a través de Twitter pidiendo que alguien le informe a Kim que también tiene un **botón para activar armas nucleares** en su escritorio, pero que es mucho más grande y más poderoso. Un mes más tarde, Trump anuncia la "mayor cantidad de nuevas sanciones" contra Corea del Norte que ha existido y, si no funcionan, activaría una "Fase Dos" que sería muy, muy dura y desagradable para el mundo.

En marzo, Trump y Kim Jong-Un organizan una reunión después de que Kim señalara que realizaría un ajuste de las pruebas. En mayo, Kim hace una amenaza, y en respuesta, Trump boicotea la reunión. Como todos los gobernantes norcoreanos hasta ahora, Kim se inquieta nuevamente por los simulacros militares de Estados Unidos en Corea del Sur. Aún así, deja que el área de pruebas nucleares de Punggye-ri sea demolida. Ahora Moon interviene como mediador e inicia la **cuarta reunión cumbre coreana**. Esta tendrá lugar el 26 de mayo de 2018, en el lado norcoreano del cruce fronterizo y, de hecho, se utilizará para preparar la reunión entre Kim y Trump.

A principios de junio, Kim envió una extensa carta al Presidente de los EE. UU., expresando el inquebrantable interés de Kim en reunirse. De hecho, la **reunión tendrá lugar el 11 de junio de 2018.** Se acuerda que ambos países profundizarán su relación y crearán una **paz duradera en la península de Corea**. Corea del Norte acepta el desarme nuclear completo. A cambio, Estados Unidos retira partes de su ejército de Corea del Sur.

Los críticos se quejaron, después de la reunión, de que Kim Jong-Un no había prometido nada que no hubiera sido prometido anteriormente por Corea del Norte. Para fines de 2018, es cierto que Corea del Norte **ha dejado de realizar pruebas nucleares subterráneas**. Qué más ha cambiado, no está claro aún.

4. Quinta cumbre intercoreana

La quinta reunión intercoreana tendrá lugar **entre Moon Jae-In y Kim Jong-Un del 18 al 20 de septiembre de 2018** en Pyongyang. Los temas incluyen el desarme de los misiles de largo

alcance de Corea del Norte y el desmantelamiento de las instalaciones nucleares de
Nyongbyon y, a cambio, una cortesía similar de
parte de los Estados Unidos. Además, se está dis-
cutiendo nuevamente un **tratado de paz**, así
como la idea de promover una organización conjunta de los Juegos Olímpicos en 2032.

Antonia Carderas

Aviso legal y Autoría

Este trabajo, incluyendo todos sus contenidos, está protegido por derechos de Autor. La reproducción parcial o total, así como el almacenamiento, procesamiento, duplicación y distribución con la ayuda de sistemas electrónicos, en su totalidad o en parte, está prohibida sin el permiso por escrito del Autor. Todos los derechos reservados.

El contenido de este libro se ha investigado a partir de fuentes reconocidas y se ha comprobado con gran cuidado. Sin embargo, el Autor no asume ninguna responsabilidad por la actualidad, la exactitud y la integridad de la información proporcionada.

Se excluyen las reclamaciones de responsabilidad contra el Autor, que se refieran a daños médicos ocasionados por el uso o no de la información aquí proporcionada, o por el uso de información incorrecta e incompleta, a menos que se demuestre que el Autor haya sido intencionalmente responsable o gravemente negligente. Este libro no sustituye el asesoramiento y la asistencia médica o profesional.

www.ingramcontent.com/pod-product-compliance
Lightning Source LLC
LaVergne TN
LVHW041333200726
843509LV00009B/697